5 CONSEJOS PARA EMPEZAR

1) CÓMO RESOLVER LAS SOPA DE LETRAS

Los rompecabezas tienen un formato clásico:

- Las palabras se ocultan sin espacios ni guiones,...
- Orientación: Las palabras pueden escribirse hacia delante, hacia atrás, hacia arriba, hacia abajo o en diagonal (pueden estar invertidas).
- Las palabras pueden superponerse o cruzarse.

2) APRENDIZAJE ACTIVO

Junto a cada palabra hay un espacio para anotar la traducción. Para fomentar un aprendizaje activo, un **DICCIONARIO** al final de esta edición te permitirá comprobar y ampliar tus conocimientos. Busca y anota las traducciones, encuéntralas en el puzzle y añádelas a tu vocabulario!

3) MARCAR LAS PALABRAS

Puedes inventar tu propio sistema de marcado. ¿Quizás ya usas uno? También puedes, por ejemplo, marcar las palabras difíciles de encontrar con una cruz, las que te gustan con una estrella, las nuevas con un triángulo, las raras con un diamante, etc.

4) ESTRUCTURAR EL APRENDIZAJE

Esta edición ofrece un **CUADERNO DE NOTAS** muy práctico al final del libro. En vacaciones, de viaje o en casa, podrás organizar fácilmente tus nuevos conocimientos sin necesidad de un segundo cuaderno!

5) ¿HABÉIS TERMINADO TODAS LAS PARRILLAS?

En las últimas páginas de este libro, en la sección **DESAFÍO FINAL**, encontrarás un juego gratis!

¡Rápido y sencillo! Echa un vistazo a nuestra colección de libros de actividades para tu próximo momento de diversión y aprendizaje, ¡a sólo un clic de distancia!

Encuentre su próximo reto en:

BestActivityBooks.com/MiProximoLibro

En sus marcas, listos, ¡Ya!

¿Sabías que hay unas 7.000 lenguas diferentes en el mundo? Las palabras son preciosas.

Nos encantan los idiomas y hemos trabajado duro para crear libros de la más alta calidad para tí. ¿Nuestros ingredientes?

Una selección de temas adecuados para el aprendizaje, tres buenas porciones de entretenimiento, y luego añadimos una cucharada de palabras difíciles y una pizca de palabras raras. Los servimos con cariño y máxima diversión para que puedas resolver los mejores juegos de palabras y te diviertas aprendiendo!

Tu opinión es esencial. Puedes participar activamente en el éxito de este libro dejándonos un comentario. Nos encantaría saber qué es lo que más le ha gustado de esta edición.

Aquí hay un enlace rápido a tu página de pedidos:

BestBooksActivity.com/Opiniones50

Gracias por tu ayuda y diviértete!

Todo el equipo

1 - Ajedrez

```
N T O R N E A M E N T U M F
D I S C E R E J S P W S S N
K X G A D V E R S A R I U S
P F H R E G I N A L B U S F
U O Y E U D I A M E T E R T
N R W X J M B T I R Z P M E
C T P R A E C E P T A R P M
T I C E R T A M E N P D A P
A S L U D I O L U D I U S U
L S A Y H C O R O D W A S S
U I O C F L C O N S I L I O
D M E O E K F I R Q J W V H
U U B T F C G H K Q W Y A E
M S B S A C R I F I C I U M
```

DISCERE   ADVERSARIUS
ALBUS   PASSIVA
FORTISSIMUS   PUNCTA
CERTAMEN   PRAECEPTA
DIAMETER   REGINA
CONSILIO   REX
LUDUM   SACRIFICIUM
LUDIO LUDIUS   TEMPUS
NIGRUM   TORNEAMENTUM

2 - Agua

```
I C E K T C V A M T V K D I
D E D Z G J O E F T W F R R
I H U M I D I T A S Q L I R
L U N G T T M E G E L U N I
U M L I I V B S Q H M M K G
V I F L X U E I H O C E A A
I D V A P O R A T X A N B T
U O K F L U C T U S N F L I
M L C P R O C E L L A E E O
H A B E L K G R G G L B T N
P C E V A P O R A T I O K E
L U Y P M N A G E Y S E R S
D S D F P L U V I A W A E W
B F M J I F P M T D Z V S N
```

CANALIS
IMBER
EVAPORATIO
GEYSER
GELU
ICE
HUMIDITAS
PROCELLAE
HUMIDO
DILUVIUM

LACUS
PLUVIA
ETESIA
NIX
OCEANUM
FLUCTUS
DRINKABLE
IRRIGATIONES
FLUMEN
VAPOR

3 - Granja #2

```
B H O F L I J N B T U A J Q
R O V R F R U C T U S G J Y
W R E U Z O G I K X I N I N
V D S M P R A T I E I U N F
T E E E P C U A E B E S F E
R U L N J H C I B U M X X A
A M X T H A N I M A L I A N
C L G U C R V L B A J K V A
T Q T M N D T L L S T M G T
O H O R R E U M A A X U Q I
R W I N D M I L L C M Z R S
A G R I C O L A Y B Z A M A
T R I T I C U M Q W T G I K
I R R I G A T I O N E S L L
```

AGRICOLA
ANIMALIA
HORDEUM
CIBUM
AGNUS
FRUCTUS
HORREUM
ORCHARD
LAC
LLAMA

MATURA
FRUMENTUM
WINDMILL
OVES
ANATIS
PRATI
IRRIGATIONES
TRACTOR
TRITICUM

4 - Mueble

```
C Y O W C A L V H J W H A H
P U L V I L L O S F U E Q A
I O L B A N C O P M I V F M
Q F C C Q F R L P E F H S M
P U L V I N A R U N L Q W O
F U T O N T T D C C R L D C
T O R O I Y A Y U S E D E K
C A T H E D R A L P M R W S
G D D H V I L A T E L F N C
H L E C T U S T O C A L U A
N W C U R K I P R U R O J G
R R X L M Y H I E L R F J V
I V A D I S O T M U J Y K H
R L V U Z U J Q Z M H C O U
```

PULVINAR   SPECULUM
BANCO   VADIS
LECTUS   FUTON
PULVILLOS   HAMMOCK
CULCITA   LUCERNA
PELLES   CATHEDRA
CULTOREM   TORO

5 - Pesca

```
P N C O Q U E S Y C K W P M
P O A B D W R M M K Q L R A
A Z N V R S R Y B L Z H H X
T V I D I A U G E N D O A I
I C S N U E N H A H F M M L
E D T T M S O C C O E A O L
N M R B I C C E H F U M F A
T T U P J A E T P I F H F A
I N M Q P L A C U S A M L Q
A F I L U M N W I S Z S U U
S P T B D Q U L Z H M L M A
Y S C W C F M K G D D D E E
A P P A R A T U Y Z W I N N
T E M P O R U M J F N Y I X
```

AQUA
NAVI
BRANCHIAS
FILUM
ESCA
CANISTRUM
COQUES
APPARATU
AUGENDO

HAMO
LACUS
MAXILLA
OCEANUM
PATIENTIA
PONDUS
BEACH
FLUMEN
TEMPORUM

6 - Aviones

```
Z A V M A C A S U S A M G C
W X E Y W E L O B U U C U O
G T R F J S R O B R P A B N
V C S V Z C K E N G I N E S
N D U A K A E E M O H T R I
B A S H I S T O R I A A N L
C A V A L T I T U D O V A I
A X L I N F L A M U S I T U
E M X L G P O R T U M T O M
L I H L O A C U S Y Q P R X
U T B X W O R A E R I S K N
M P U M L E N E N L R J E W
C O N S E C T E T U E R F N
C O N S T R U C T I O N E E
```

AER   CONSILIUM
ALTITUDO   BALLOON
PORTUM   CONSECTETUER
AERIS   HISTORIA
CASUS   INFLAMUS
CAELUM   ENGINE
ESCA   NAVIGARE
CONSTRUCTIONE   GUBERNATOR
VERSUS   CANTAVIT

7 - Tipos de Cabello

```
O K O C Z C R I S P U S B C
T M O L L I S A N U S K R R
W L W K S N C O Q S T T O A
P R V I M C R U S C E K W S
V G C R X I G N V C N D N S
C P E K R N V R I I U I A U
O A B X S N H V A U I U J S
L F L A V I S T Z Y S X S Q
O E L B N S S I C C U M V F
R G P N U I C A L V U S M A
A M I J R S G D Q B P H D W
T O R T I S A R G E N T U M
U M S W E I G W U O B Z L A
M S D E N I Q U E M Z B S K
```

ALBUS
CRUS
CALVUS
COLORATUM
DENIQUE
TENUIS
GRAY
CRASSUS
DIU
BROWN

NIGRUM
ARGENTUM
CRISPUS
CINCINNIS
FLAVIS
SANUS
SICCUM
MOLLIS
TORTIS

8 - Ciencia Ficción

```
O I O X Q U W X S E C N E J
S R L I M A G I N A R I A J
T U A L O E L F K G E A Z J
U S S C U P G E X H P R Z J
T N B P U S A T O M I C U S
O N L G E L I E I U T A D E
P C W P N N U O O N U N Y K
I S Y L U T D M K D S U S J
A X G A L A X I A I S M T I
B G U N L Z W G S Z Z L O G
I I O E A E R U Z S D U P N
D I S T A N T D U J E O I I
W B V A E X T R E M A H A S
F U T U R I S T I C E V L N
```

ATOMICUS
DISTANT
DYSTOPIA
CREPITUS
EXTREMA
SUSPENDISSE
IGNIS
FUTURISTIC
GALAXIA

ILLUSIO
IMAGINARIA
ARCANUM
MUNDI
ORACULUM
PLANETA
NULLA
UTOPIA

9 - Juguetes

```
X L F D K N A P P U Z Z L E
A A C K Y A R U C M Q I I S
P T L A O V T P J C N E D V
S R M U R I E A V O T Q P V
Q U Z T D T S B I M P X I I
I N A R M O L W V I K E M R
Z C G I J L S Z A T R N A M
C U V E N T U S M A U R G N
Q L U T U M Y F U T I M I W
D O L O R Y Z M S U R Z N G
M R C P M O K C P C K C A Y
I U I I T N X N A A F Q T M
U M I L V U S E J Q N E I N
S W Z A R O B O T Q M A O A
```

LATRUNCULORUM
LUTUM
ARTES
VIVAMUS
NAVI
PILA
DOLOR
CAR
MILVUS

VENTUS
IMAGINATIO
LUDOS
PUPA
ROBOT
PUZZLE
TYMPANA
COMITATU

10 - Circo

```
E V M U U B T R U P O W C A
L E O D M A G U S M Z H S L
E J U G G L E R P E A J N I
P A H Q U L F B U O W G W Q
H C A K J O V W M F M O I U
A R B N Q O S R T S B P V A
N O I Q X N I T I G E R A M
T B T Q C S M X E O B C N M
I A U V Y Z I P Y N Z B I Q
S T W J P P A H M F D D M X
M U S I C A D O L U M E A I
T A B E R N A C U L U M L Y
S P E C T A T O R O L S I I
T I Q A V I V Q X S G S A B
```

ACROBAT   MAGIA
ANIMALIA   MAGUS
ALIQUAM   JUGGLER
TABERNACULUM   SIMIA
POMPAM   OSTENDE
ELEPHANTIS   MUSICA
SPECTATOR   TIGER
BALLOONS   HABITU
LEO   DOLUM

11 - Granja #1

```
H A A G R O V J G C B T Z Q
I S G P U L L U M R U O U F
R I R I C E V H O H A Y S K
C N I S S E P E M X J F W B
U U C C E S T E R C O R A T
M S U O Q M V F E L I S F I
C M L R U H I T E R R A T R
K X T V U U T N D C F A T V
U L U U S Z U W A N A Q U V
A Y R S A Z L Q A M T N G U
P U A I H B U P Q X S G I A
I Q C H Z W M Z U M V M U S
S I U J J P A E A E H O E U
M J D S A C V D E L I Q C M
```

APIS   FELIS
AGRICULTURA   HAY
AQUA   MEL
RICE   CANIS
ASINUS   PULLUM
EQUUS   SEMINA
HIRCUM   VITULUM
AGRO   TERRA
CORVUS   BOS
STERCORAT   SEPEM

12 - Camping

```
K P A R B O R E S V W C V T
D U P L C A S U S K H A T F
N T P S A S M F L I I M C E
A I A Q L C O H I N S E C T
T D R Z F L U S R K M R Z Q
U B A K Q P F S L P E A G A
R T T A H A M M O C K M I T
A O U N U T B H H O F D L D
W S M I G N I S P R U E I U
I I O M A P B O N N N C N D
V E N A T I O N E U E I T L
H J T L S K T V H G M M E U
R C E I S I L V A G M A R N
Q O M A M N J K X I P S Y A
```

ANIMALIA   IGNIS
CASUS   HAMMOCK
ARBORES   INSECT
SILVA   LACUS
DECIMA   CORNU
CAMERAM   LUNA
LINTER   MAP
VENATIONE   MONTEM
FUNEM   NATURA
APPARATU   HAT

13 - Fruta

```
A M A L O G R A N A T U M P
L V I Q M Y P F U K N A O D
J F O L E F H E M D I Y F A
K K S C Z F M E X I L W C Y
B N E T A C E R A S U S I U
K E F K P D W P G U A V A O
Z C R N G X O Z P R U N O P
F T N R L Z R M E L Q Q L I
P A P A Y A H L R F V A Q R
N R A D O L O R S U V A N U
G I P X N E N Z I B Z V P M
Y N P N Y M C P C M A N G O
H E L K F O U C U C U M I S
M C E N U N S M M J E V G K
```

AVOCADO
BERRY
CERASUS
PRUNO
DOLOR
MALOGRANATUM
GUAVA
KIWI
LEMON

MANGO
APPLE
PERSICUM
CUCUMIS
RHONCUS
NECTARINE
PAPAYA
PIRUM
UVA

14 - Geología

```
T G C U B Q C P L A T E A U
E S O K V U A R M E T G Y F
R N N T E A L E Y L C R O Z
R I T D L R C N H S Y X V H
A S I L S T I B L T T N Y S
E J N L A Z U U C O R A L A
M E E F C V M O I N J C L L
O X N O I Q A S G E D C J S
T E S S D P Y S P E C U S U
U S V S U I V T J S Y M H Y
S A H I M X O X D K K S M Q
S T A L A G M I T E S A E T
M I N E R A L I B U S N I R
S T A L A C T I T E Q H U A
```

ACIDUM
CALCIUM
ACCUMSAN
SPECUS
CONTINENS
CORAL
CRYSTALS
QUARTZ
EXESA
STALACTITE

STALAGMITES
FOSSILE
GEYSER
LAVA
PLATEAU
MINERALIBUS
STONE
SAL
TERRAEMOTUS

15 - Plantas

```
Z  C  M  B  C  V  I  R  E  N  T  I  A  P
I  Q  U  X  O  F  T  L  H  W  M  F  U  E
U  R  S  D  P  T  K  F  X  P  P  F  H  T
C  J  C  Y  F  R  A  D  I  X  Z  O  E  A
Q  K  U  R  P  D  J  N  Z  K  A  L  R  L
U  Q  S  S  I  L  V  A  I  W  F  I  B  O
B  M  S  B  O  H  O  F  T  C  I  U  A  R
W  E  K  W  F  L  O  R  A  A  A  M  R  U
X  D  A  B  U  S  H  R  E  C  U  M  B  M
P  Z  L  N  X  W  E  J  T  T  F  L  O  S
F  R  O  N  D  E  D  N  V  U  O  H  R  X
B  E  R  R  Y  W  E  P  F  S  S  S  T  X
V  A  N  S  T  E  R  C  O  R  A  T  L  X
J  V  T  B  F  B  A  B  A  M  B  O  O  Z
```

BUSH	FRONDE
ARBOR	BEAN
BAMBOO	HEDERA
BERRY	HERBA
SILVA	FOLIUM
BOTANICAM	HORTUS
CACTUS	MUSCUS
STERCORAT	PETALORUM
FLOS	RADIX
FLORA	VIRENTIA

16 - Suministros de Arte

```
P E R T E R G E T A D I W A
G X O G M W I N U Q E Z A Q
L L U T U M L W U U L P T A
U C O L O R E S C A E E E C
T H L S B U F F A K O N R A
E A E D S R I A M T O I C R
N R U I O A F P E L Z C O B
Z T M S C N R J R D V I L O
X A M J Q L E I A H Y L O N
V Y D E V S L C U M A L R E
A R H G N J Y X T M H I S S
R T G I P S A U O T I U M R
T W M W K C A T H E D R A I
P S M A T R A M E N T U M H
```

OLEUM	PERTERGET
DONEC	COLORES
WATERCOLORS	GLOSSARIUM
AQUA	PENICILLI
LUTUM	MENSAM
DELEO	CHARTA
OTIUM	GLUTEN
CARBONES	CATHEDRA
CAMERA	ATRAMENTUM

17 - Jardín

```
O H E F O Z Z K L S S H D V
R O G B L V I T I S B E R I
C R E A D O X Z R U T R U M
H T T N B U S H A B E B X C
A U M C R G E N N A A B N
R S N O I L P S Y Y I S Q N
D H O S E G E O L M J A U V
X X D A T A M L D P I R Z X
G Y X X D R F O F U H B L B
B W S A Y A Y H A M M O C K
F C L T B G F A H I P R M U
E M D Q U E S A R C U L U M
U J Y J B M K X M B T T B L
T R A M P O L I N E T P G W
```

BUSH	ZIZANIA
ARBOR	HOSE
BANCO	RUTRUM
EGET	SARCULUM
FLOS	SAXA
GARAGE	SOLO
HAMMOCK	XYSTUM
HERBA	TRAMPOLINE
ORCHARD	SEPEM
HORTUS	VITIS

18 - Países #2

```
G D S R C A A J A M A I C A
R W U U E L D U U G A N D A
A H D S L B U W S P U C T M
E Y A S C A E L Y T C S W F
C N N I J N W X R S R H M K
I I I A F I R X I S A I G C
A G A C D A N I A E I N A Y
A E T H I O P I A Z N D L M
Y R A U S T R A L I A O L J
I I L L Q L U S I T A N I A
Q A A L T M D M L D W E A P
H V O P K T K G L Q J S S A
X H S S I H I B E R N I A N
M E X I C O E Z A H W A V H
```

ALBANIA   JAPAN
AUSTRALIA   LAOS
AUSTRIA   MEXICO
DANIAE   NIGERIA
AETHIOPIA   LUSITANIA
GALLIA   RUSSIA
GRAECIA   SYRIA
INDONESIA   SUDANIA
HIBERNIA   UCRAINA
JAMAICA   UGANDA

19 - Tecnología

```
D X L R R G U C G P C Q L Q
F I L E E D U Y U M A W I V
A A U V L C J D P N W S S W
K L L G Q L T H R W M V C X
N R R Y J N X U A B R D P O
L K Z Q W P O T M P M T L S
E C U R S O R D B T P Y Q K
I N T E R N E T A M Q L A K
S U V S E C U R I T A T E M
C N K E Z O O O N Q A B L T
R T L A D I G I T A L Q E N
E I O R S O F T W A R E D R
E U A C A M E R A O E Z V D
N S K H V I R U S V U P J P
```

FILE
CAMERA
CURSOR
DATA
DIGITAL
INTERNET
RESEARCH
NUNTIUS

PASCO
EU
SCREEN
SECURITATEM
SOFTWARE
RECTUM
VIRUS

20 - Números

```
S  Q  D  T  D  H  F  Q  M  T  X  E  C  Q
E  U  U  R  O  M  B  Q  U  D  O  A  W  P
P  A  O  E  C  C  S  S  U  I  Q  R  Q  V
T  T  D  D  T  R  E  S  E  G  N  R  V  K
E  T  E  E  O  P  P  B  R  X  U  Q  I  R
M  U  C  C  F  X  T  N  E  X  L  K  U  Z
D  O  I  I  D  T  E  N  E  W  L  T  F  E
E  R  M  M  F  C  M  D  Q  Q  A  Q  N  N
C  D  U  N  D  E  V  I  G  I  N  T  I  O
I  E  Q  U  I  N  D  E  C  I  M  T  D  V
M  C  J  X  R  T  S  E  D  E  C  I  M  E
N  I  D  E  C  E  M  O  X  U  E  H  S  M
P  M  Q  U  A  T  T  U  O  R  O  J  X  X
V  D  E  C  I  M  A  L  E  S  I  J  T  Y
```

QUATTUORDECIM
NULLA
QUINQUE
QUATTUOR
DECIMALES
UNDEVIGINTI
SEDECIM
SEPTEMDECIM
DECEM

DUODECIM
DUO
NOVEM
OCTO
QUINDECIM
SEX
SEPTEM
TREDECIM
TRES

21 - Mitología

```
Q B L M F U L G U R S F P M
T D A X O M O N S T R U M O
L H S F O R T I T U D O I R
A Z H C B X T C A E L U M I
B R Y N T W A A S Q G U M B
Y C C L A D I S L F P H D U
R U R H L U I G L E Q M P S
I L L E E B E L L A T O R W
N T E R A T T O N I T R U A
T U G O A T Y T I J I S J W
H R E S L L U P Q G L W B B
U A N T U S A R U Q B U M Y
S Y D V F F B C A M H N U T
Z E L U S M A G I C A L I S
```

ARCHETYPUM
ZELUS
CAELUM
MORIBUS
CREATURA
CULTURA
CLADIS
FORTITUDO
BELLATOR

HEROS
LABYRINTHUS
LEGEND
MAGICALIS
MONSTRUM
MORTALE
FULGUR
TONITRUA

22 - Ecología

```
H A B I T A T W X L N M O S
O C A E L I F V V H A A V C
H P E S P E C I E S T R N O
T K E R F L O R A S U I U M
F J A S Q V A E O I R N L M
K H W K F A W N F C A E L U
Y T M L R R J T T C L T A N
K P Z H U I K I M I I I M I
S A L U T E M A O T S Q M T
P L Q Z R T Z A N A T U R A
S U G E V A L B T T X Y A T
I D H S M T Y D E E T M S E
U E A Z R E N M S N G U R S
W M D I V E R S I T A S S K
```

CAELI	NATURA
COMMUNITATES	PALUDEM
DIVERSITAS	PLANTIS
SPECIES	OPES
FLORA	SICCITATE
HABITAT	NULLAM
MARINE	SALUTEM
MONTES	VARIETATE
NATURALIS	VIRENTIA

23 - Herramientas

```
G P E F L O N T X J X B D A
C L Y N S V O E L L B A P X
O I U S A C V O F B R P I
X E D T T B A V Y H K V R C
U R P U E Q C L J D X V I I
S S V P H N U M A I V W N A
E D L R J I L U M M W E C K
C T E A E P A F A C E M E M
U T S V F N Z U U W C K P A
R U T R U M F N R X C I S L
I Z N M P B U E I O G G J L
S O L I D I S M S Z T X Y E
M A L L E O I P S U M A D U
H P E C M O M M U D Z J C S
```

PLIERS   MALLEO
FACEM   NOVACULA
MAURIS   RUTRUM
FUNEM   GLUTEN
SCALAM   PRINCEPS
SOLIDIS   ROTA
IPSUM   AXICIA
SECURIS   STUPRA
MALLEUS

24 - Casa

```
J M F F F I G F K D G P H T
I M B E R T E U F O C O O K
G Z O F E E N N A Q J N R C
A A R C G C I D M R U A T U
T F R B W T S A U R E F U B
T K B A Y U T M R G F A S I
I R V U G M A E U X I P L C
C U H J H E E N M K L E I U
A N R R J O S T I U M L B L
L U C E R N A U S X L L R U
D M U J R J X M A E C E A M
V E S T I B U L U M P S R S
F E N E S T R A M Q Z E Y B
O L O C U S P E C U L U M C
```

ATTICA	LOCUS
LIBRARY	HORTUS
FOCO	LUCERNA
VESTIBULUM	MURUM
PELLES	AREA
CUBICULUM	OSTIUM
IMBER	FUNDAMENTUM
GENISTAE	TECTUM
SPECULUM	SEPEM
GARAGE	FENESTRA

25 - Artes Visuales

```
V M C E R A A V A S D O P A
Y V Y R F W R E O C U V H I
T F P X K F T P U F I G O N
C O M P O S I T I O S G T I
A T C L A O F G W T W R O P
R I R J U H E F I X L A G I
B U E J K T X O P E N P R C
O M T E Z E U S O G S H A T
N R A C W I H M L D E I P U
E G L O S S A R I U M U H R
S P R O S P E C T U M M C A
J O A R C H I T E C T U R A
S G X Y J P S T E N C I L Z
I P A L M A R I U S A H Q R
```

LUTUM
ARCHITECTURA
ARTIFEX
OTIUM
CARBONES
CERA
COMPOSITIO
GLOSSARIUM
PHOTOGRAPH

GRAPHIUM
PALMARIUS
DUIS
PROSPECTUM
PICTURA
STENCIL
PEN
EFFIGIES
CRETA

26 - Escuela #2

```
M A X I C I A E E T C T A M
A O Y R N G A Z D A A F C A
N I G R A P H I U M L E A G
T U C H A R T A C I E B D I
I D Q H L O L W A C N O E S
C N L D S G I T T I D Z M T
A D N S C C T D I S A E I E
L E C T I O T E O L R U C R
P L H S E D E S N U U M A R
W E D Q N Q R X C M D D T W
D O X E T L I B R A R Y O A
C M V O I V S X K E O H O S
X W G R A M M A T I C A L F
F A L D I C T I O N A R Y S
```

ACADEMICA	LUDOS
AMICIS	GRAPHIUM
SEDES	LECTIO
LIBRARY	LITTERIS
DELEO	MANTICA
CALENDAR	EU
SCIENTIA	CHARTA
DICTIONARY	MAGISTER
EDUCATION	AXICIA
GRAMMATICA	

27 - Selva Tropical

```
M  I  C  M  J  E  B  M  V  H  O  R  T  S
P  U  N  A  T  U  R  A  O  Z  F  E  R  P
R  Q  S  S  S  A  L  U  T  E  M  S  U  E
E  H  J  C  E  A  V  E  S  D  B  T  N  C
T  I  D  D  U  C  S  R  E  C  D  I  C  I
I  S  Y  I  W  S  T  P  D  O  B  T  A  E
O  E  X  Q  V  G  G  A  A  M  O  U  T  S
S  M  N  U  B  E  S  C  M  M  T  T  I  U
U  E  U  A  B  Y  R  D  P  U  A  I  S  B
M  J  L  N  X  A  D  S  H  N  N  O  E  Q
Q  Y  L  T  C  A  E  L  I  I  I  N  X  P
M  K  A  U  Z  H  B  B  B  T  C  E  F  V
N  F  M  M  F  T  T  N  I  A  A  M  G  N
R  E  F  U  G  I  U  M  A  S  U  S  V  Z
```

AMPHIBIA	NATURA
BOTANICA	NUBES
CAELI	AVES
COMMUNITAS	REFUGIUM
DIVERSITAS	QUANTUM
SPECIES	RESTITUTIONEM
INSECTA	TRUNCATIS
NULLAM	SALUTEM
MUSCUS	PRETIOSUM

28 - Colores

```
V B F L A V U M H K A C R W
I W L P C W D M O M H S H J
R T L U A L B U S A I E O F
I J I R E H Q B J B T Y N U
D X E P R D R T E N U R C C
I R N U U Q J T U I H E U H
S G W R L S U Q P G G D S S
F M M E U Y V N G R R E D I
Q Z W O S I L J A U E I S A
P U R P U R A X W M Y R W W
H M H W V Y R B R O W N S S
H Y A C I N T H U M S O R R
P H H P I N K Y F P W D N X
B X G N U Q H D U G J W Z U
```

FLAVUM	BROWN
BLUE	RHONCUS
CAERULUS	NIGRUM
BEIGE	PURPURA
ALBUS	RED
PURPUREO	PINK
FUCHSIA	VIRIDIS
GREY	HYACINTHUM

29 - Adjetivos #1

```
E O W A B M I I N I B H D Q
P P U R L O U N S B F B W M
P E V O Y D V N L W Q V D A
B R M M Z E E O Y H U B O X
M F G A K R N C L A R A T I
N E L T J N E E X O T I C M
A C T I V A S N M R H T Z U
B T J C B D V S F S F E O S
S U T U F E H Z M A G N A D
O M F M O G R A V I S E L B
L T A R D U S A N D B B K L
U I N G E N S A L Q T R F I
T A M E T S K P K I E I K J
A A M B I T I O S A S S W F
```

ABSOLUTA
ACTIVA
AMBITIOSA
AROMATICUM
NIBH
CLARA
INGENS
EXOTIC
LIBERALIS
MAGNA

AMET
MAXIMUS
INNOCENS
IUVENES
TARDUS
MODERN
TENEBRIS
PERFECTUM
GRAVIS

30 - Familia

```
N  E  P  T  I  S  W  A  V  U  S  P  N  K
U  X  C  B  N  K  A  N  W  D  W  U  E  P
G  P  U  A  J  V  U  C  V  M  J  E  P  A
H  H  O  U  U  O  T  E  I  R  Y  R  O  T
Q  E  A  P  D  O  G  S  R  F  W  I  S  R
F  R  A  T  E  R  S  T  M  I  G  T  N  U
S  E  G  F  M  T  C  O  A  L  Y  I  M  U
P  D  N  G  S  F  O  R  T  I  P  A  A  S
M  A  T  E  R  Q  G  L  E  A  P  U  T  S
S  E  T  L  G  D  N  F  R  P  E  M  E  O
A  T  S  E  S  Y  A  I  T  A  C  W  R  R
E  V  N  Y  R  H  T  L  E  T  J  Z  N  O
K  T  I  F  E  N  A  I  R  E  U  X  O  R
I  M  L  A  P  J  I  I  A  R  E  P  P  E
```

AVIA	MATERNO
AVUS	PUER
ANCESTOR	FILII
UXOR	PATER
SOROR	PATERNI
FRATER	COGNATA
FILIA	NEPTIS
PUERITIA	NEPOS
MATER	MATERTERA
VIR	PATRUUS

31 - Disciplinas Científicas

```
M D U I S C P T A R M W S M
N I I M M U N O L O G Y O E
E C N M E C H A N I C A C T
U W O E C O L O G I A B I E
R N U T R I T I O N E M O O
O B L P G A C H E M I A L R
L O X V B E L P S C Z A O O
O T P H Y S I O L O G Y G L
G A B M Q F M D G Y F V I O
Y N B I O L O G Y Y D A A G
B I O C H E M I S T R Y E Y
W C G O A S T R O N O M I A
T A N T I Q U I T A T I S G
N M A A G R A M M A T I C A
```

ANTIQUITATIS
ASTRONOMIA
BIOLOGY
BIOCHEMISTRY
BOTANICAM
OECOLOGIA
PHYSIOLOGY
IMMUNOLOGY
GRAMMATICA

MECHANICA
METEOROLOGY
MINERALOGY
NEUROLOGY
NUTRITIONEM
DUIS
CHEMIA
SOCIOLOGIAE

32 - Cocina

```
S  L  I  B  L  E  O  H  A  C  A  C  N  T
C  O  N  S  E  Q  U  A  T  L  Q  H  E  R
Y  A  P  P  B  M  A  U  R  I  S  O  I  I
P  T  I  O  E  N  C  R  V  B  L  P  C  D
H  N  G  N  T  B  P  I  S  A  K  S  R  E
O  C  J  G  E  P  M  A  U  N  I  T  A  N
S  P  D  I  K  M  W  T  D  O  F  I  T  T
A  L  O  A  A  P  Q  U  A  S  Q  C  I  E
L  R  L  C  H  H  O  R  R  G  C  K  C  S
M  Q  O  U  U  I  Y  G  I  H  I  S  U  X
Z  Y  X  M  J  L  V  D  O  V  B  C  L  Y
P  V  R  I  A  Q  A  V  R  G  U  E  A  X
T  Y  M  U  D  T  T  E  E  I  M  M  M  A
C  R  A  T  E  R  A  V  I  A  A  R  D  T
```

LEBETE	CHOPSTICKS
CIBUM	CRATICULAM
MAURIS	CONSEQUAT
SCYPHOS	LEO
HAURIATUR	SUDARIO
AROMATA	POCULA
SPONGIA	CRATER
CLIBANO	TRIDENTES
HYDRIA	

33 - Escuela #1

```
V G N F J P R A N D I U M D
H B E J M K I R M H L W P V
V C S H C C O Y P I V E V D
U A F O L D E R S P C L J D
Q T V G V I B P A A L I W A
L H H R E S P O N D E T S L
I E Z A N C C N J N S M W P
B D H P A E P H U F V U V H
R R S H L R D M A M K Z A A
A A X I I E C X N R E J B B
R G P U C A L A M I T R X E
Y D H M I P V N R Z T A I T
S V O L U T P A T X Q O B I
R A K F M A G I S T E R M J
```

ALPHABETI	GRAPHIUM
PRANDIUM	VENALICIUM
AMICIS	NUMERI
DISCERE	CHARTA
ELIT	CALAMI
LIBRARY	MAGISTER
FOLDERS	RESPONDET
VOLUTPAT	CATHEDRA

34 - Adjetivos #2

```
N E Q Y Z T S I C C U M A N
O C L S Q N A N O V X L O Q
B G D E P L N A N O V U M S
I H G E G B U X D L E T S U
L Q E E S A S H I A E R M P
I G F M D C N I T S D A W E
S C R K E A R S U S U G F R
I R U X F D U I S U L I O B
H E C F B M W B P S I C R U
N A T U R A L I S T S U T S
D T U N H A M E T U I S I W
H R O T O J I I S X X V S V
B I S Y L V A S A L S A E X
E X A S I R A C O M M O D O
```

LASSUS	NATURALIS
EDULIS	DUIS
CREATRIX	NOVUM
DESCRIPTIVE	SUPERBUS
TRAGICUS	CONDITUS
ELEGANS	FRUCTUOSA
NOBILIS	AMET
NOVA	SALSA
FORTIS	SANUS
COMMODO	SICCUM

35 - Cuerpo Humano

```
R H U M E R U M S I H D M A
N G Q E C R U S A N V I A L
G A T N U M R X N K Z G N L
A L E T T L R U G A M I U S
J U X U I B Y C U B I T U S
K Z R M S C G L I N G U A R
O R E I R A O V N T Z S J S
M G Z F S P Z R E C A M G A
X G Q A B U C C M O Z R K W
Y Z Z C C T O C U L U S S N
N A R I B U S J K L Y N Z O
C E R E B R U M C U G E N U
P I Z M T V T T W M B E R I
N E H R C Z F G Z Z L M Q A
```

MENTUM	LINGUA
ORE	MANU
CAPUT	NARIBUS
FACIEM	OCULUS
CEREBRUM	AURIS
CUBITUS	CUTIS
COR	CRUS
COLLUM	GENU
DIGITUS	SANGUINEM
HUMERUM	TARSO

36 - Ciencia

```
N U L L A E E V G R M F K O
M A P A R T I C U L I S G B
W T T G R A V I T A T I S S
M O D U S C I E N T I S T E
I M P D R Y I J O T D O M R
N P L A U A O V Q Y B V V V
E H A T M O L E C U L I S A
R Y N A K F C I A U E C I T
A S T C F O K J E D G V L I
L I I H S S A I L D E Z E O
I C S L Z S Z A I G T T N N
B A M C Y I N G A Y K L Q E
U O L H Y L T U Z P Y Y W W
S K E X P E R I M E N T U M
```

ATOM	NULLA
SCIENTIST	MODUS
CAELI	MINERALIBUS
DATA	MOLECULIS
EXPERIMENTUM	NATURA
PHYSICA	OBSERVATIONE
FOSSILE	PARTICULIS
GRAVITATIS	PLANTIS
EO	EGET
RUM	

37 - Dinosaurios

```
O J M A X V I J G M P S Z C
M M A G N A P H A A R P Y A
T A N V Q K W C A G E E Y U
U O M I U M Y W R N H C V D
V Y W M V P N Q E I I I I A
P V S Y O O J C P T S E T B
A L I S I T R T T U T S I L
I N G E N S H E I D O R O A
B Q H P H S G R L I R W S T
Z L O O G Q L R E N I Y U I
M S D T H X O A S E C Q S O
P R A E G R E S S U S C Z N
A L M N N H E R B I V O R E
U X X S J Y B I X Q A I E A
```

ALIS   MAMMOTH
CAUDA   OMNIVORE
ABLATIONE   POTENS
INGENS   PREHISTORIC
SPECIES   REPTILE
PRAEGRESSUS   MAGNITUDINE
MAGNA   TERRA
HERBIVORE   VITIOSUS

38 - Restaurante #2

```
Z Y I C A T H E D R A L D X
U X S S Q L R W C F T E E I
X E Q F U R C A E P U G L W
P T S K A O J P S R O U E T
O W M A S S A E W A V M C B
B Q Z X D E P S Y N A I T U
P I S C E S M C N D S N A N
C V Z E B H A X Y I I A M E
Y Q E L I T Z R T U O X E T
I C E J N N C G O M Q D N Y
C O C H L E A R I M N L T O
O O V A O I H L X I A H U S
F R U C T U S A L K S T M R
Z F G V J F D T B R N O A A
```

AQUA
PRANDIUM
COCHLEARI
DELECTAMENTUM
SEM
AROMATA
FRUCTUS
ICE

OVA
MASSAE
PISCES
SAL
CATHEDRA
ELIT
FURCA
LEGUMINA

39 - Profesiones #1

```
S  F  M  U  S  I  C  U  S  O  U  R  P  G
O  I  T  H  A  R  A  T  H  L  E  T  A  K
D  R  E  B  L  S  R  J  V  L  F  F  A  N
A  E  G  O  T  N  T  Y  L  U  E  Y  O  U
S  F  E  X  A  W  O  G  J  K  T  T  L  T
T  I  O  U  T  E  G  J  E  W  E  L  E  R
R  G  L  S  O  D  R  K  R  R  M  R  G  I
O  H  O  M  R  I  A  T  Y  A  L  M  V  X
L  T  G  E  I  T  P  L  H  I  E  R  E  V
O  E  I  D  W  O  H  J  F  E  G  D  N  A
G  R  S  I  C  R  E  M  I  B  A  G  A  W
U  A  T  C  R  L  R  W  V  E  T  C  T  V
S  V  V  U  I  D  O  C  O  G  U  V  O  Y
F  Z  W  S  E  A  B  Y  T  A  S  Q  R  A
```

ASTROLOGUS   EDITOR
ATHLETA   LEGATUS
SALTATOR   NUTRIX
REMI   RAEDA
FIREFIGHTER   GEOLOGIST
CARTOGRAPHER   JEWELER
VENATOR   MUSICUS
MEDICUS   THE

40 - Vehículos

```
N X N V S K C A Y E V S A M
V A Z T U C O M I T A T U M
I O V E B A M B O G F A D M
V H J I M R I U B T E X O C
A E I G A A T L V I O I L V
M L S B R F A A N R M R O L
U I C L I O T N V E Q A R H
S C O L N U U C S S F I L C
K O O I E E C E W M L U P I
E P T V K T R A C T O R X K
Z T E S G F X U K T Q Y U G
G E R N T M P U C Y J P N D
K R A T I S U B W A Y F U T
Y B O P O R T T I T O R J Z
```

AMBULANCE	HELICOPTER
VIVAMUS	SUBWAY
RATIS	MOTOR
NAVI	TIRES
DOLOR	SCOOTER
COMITATUM	SUBMARINE
CAR	TAXI
ERUCA	TRACTOR
PORTTITOR	COMITATU

41 - Vacaciones #2

```
A M B A Q L A L I E N A T T
M L O E C J H K M L U A A A
E T Y T A L G C A I L D X B
T M V G H C V O G T L B I E
S H A F O P H M I T A A K R
C I K R T M Q I N S U L A N
A F N B E A I T E R H H D A
S E A G L P E A S C T L S C
T R X Q R U O T I U M O V U
R I H V U A G U A I H D I L
A A X Z Y O P M O N T E S U
W S O O S R P H N I V O A M
D P J B S U R U U F W R R N
J G H K U L O V U S V J M Y
```

ELIT	OTIUM
CASTRA	SINGRAPHUS
TABERNACULUM	BEACH
ALIENA	AMET
IMAGINES	TAXI
HOTEL	NULLA
INSULA	COMITATU
MAP	FERIAS
MARE	ITER
MONTES	VISA

42 - Cumpleaños

```
M A J Y P D I S C E R E S C
L E N H J M N A T U S Z P E
M S M H L O I P G W G I E L
A W Q O I N V I T A R E C E
S F G U R T P E W H N L I B
S M A F P I C N L F G H A R
A P V R T U A T T A T N L A
E O B X B V L I H F E V I T
D O N U M E E A B H O T S I
D I N O L N N H E H X E A O
H A E H T E D K A A S M K X
A M I C I S A E T N P P O H
P A R S W Y R J U N G U B S
C A N T I C U M S O L S E Q
```

LAETA   INVITARE
AMICIS   IUVENES
ANNO   NATUS
DISCERE   PARS
CALENDAR   MASSAE
CANTICUM   MEMORIA
CELEBRATIO   DONUM
DIE   SAPIENTIA
SPECIALIS   TEMPUS
BEATUS

43 - Baile

```
N R E C E N S E N D U M C C
C U L T U R A E V S M V L U
R M M K E F U X I K Z W A L
L S U E S A J R S H T G S T
A O S S R D G T U C R P S U
F C T O I O K W A L A V I R
F I A B L C K C L G D P C A
E U T D G R A T I A I O A X
C M U U E D I Q K U T S L T
T B R L J M C O R P U S L B
U D A C N Z I P N I M J P K
S Q M C O B P A M O T U S Z
L A E T A W M B E J C X Y H
E X P R E S S I V U M F Z G
```

ACADEMIAE
LAETA
ES
CLASSICAL
CORPUS
CULTURA
CULTURAE
AFFECTUS
RECENSENDUM

EXPRESSIVUM
GRATIA
MOTUS
MUSICA
STATURAM
NUMERO
SOCIUM
TRADITUM
VISUAL

44 - Matemáticas

```
Q U A D R A T U M O P G S G
C E P A R A L L E L A X U D
D I V I S I O F C R E T M N
S P H A E R A P M S Q R M A
D P R A E D I T I S U E A R
E X P O N E N T H R A C L I
C N E J F G T J K I T T D T
I F U O I H U V U Q I A H H
M R R M B P O L Y G O N U M
A M N A E C O D I X C G K E
L Z L Q C R L I D V K U M T
E D D Q A T I A M H B L Z I
S W B G H M I M N B N U W C
R A D I U S L O G F A M S A
```

ARITHMETICA	FRACTIO
ANGULI	NUMERI
QUADRATUM	PARALLELA
DECIMALES	POLYGONUM
DIAM	RADIUS
DIVISIO	RECTANGULUM
AEQUATIO	PRAEDITIS
SPHAERA	SUMMA
EXPONENT	

45 - Restaurante #1

```
A U K Y Q C N L P C J S C R
R H I D C G W Q A A R U V V
R P X D O A M W N P M D A Z
R C I T N Q P J E U Q A N G
Z R V J D W L O M L K R C U
P A E C I B U M R U P I O J
U T S S M U R N A S U O M F
L E T X E W F M Q V U W F T
L R I Z N R C O N D I T U S
U T B M T H V A Q R L K Q X
M E U R U K F A M U L A W W
E Y L V M J F I T X X L Y G
N A U M Q Y U W T I S O D Q
U A M S X M E N S A O W D F
```

URNA   CONDITUS
CAPULUS   PULLUM
FAMULA   MENSA
CIBUM   RESERVATIO
VESTIBULUM   CONDIMENTUM
MENU   SUDARIO
PANEM   CRATER

46 - Profesiones #2

```
P L I N G U I S T B W E N Z
P H J W F V E N G I N E E R
U D I P I C T O R O M I I A
B E N L H W H H G L E N N G
L N V P O A I G K O D Q Q R
I T E R R S K S X G I U U I
S I N E T T O A I I C I I C
H S T T U R S P H S U S S O
E T O I L O S J H T S I I L
R J R U A N G F P U H T T A
A E G M N A B Q E M S O O X
C Z R Y U U P V I C G R R R
M L F M S T W D Q R X E I E
M A G I S T E R Q M U M J P
```

AGRICOLA
ASTRONAUT
BIOLOGIST
DENTIST
INQUISITOR
PUBLISHER
PHILOSOPHUS
PRETIUM
ENGINEER

INVENTOR
INQUISITOREM
HORTULANUS
LINGUIST
MEDICUS
WISI
PICTOR
MAGISTER

47 - Senderismo

```
P R A E P A R A T I O Y D I
O R I E N T A T I O N F H C
P N I N M S U O K C M G L U
E L M L U U J L A S S U S L
J P A N I M A L I A R F O M
H C Y P K A P R I J A F L E
C A E L I P M A A B Q X D N
A U U C V D M O R T U W F Z
S J N J H S E Y N C A H T R
T A B E R N U S A T I Z W L
R D V E U D R A T X E S R M
A F U B Y X N X U P B M D H
D U C E S J G G R A V I S V
A S A R N F E R A Q B X J L
```

AQUA
ANIMALIA
TABERNUS
CASTRA
LASSUS
CAELI
CULMEN
DUCES
MAP

MONTEM
NATURA
ORIENTATION
PARCIS
GRAVIS
LAPIDES
PRAEPARATIO
FERA
SOL

48 - Naturaleza

```
I  L  B  Z  C  P  C  M  X  Y  H  T  K  S
E  T  O  N  B  A  Y  T  R  S  I  L  V  A
G  X  P  U  L  C  H  R  I  T  U  D  O  R
L  R  E  B  N  I  Q  O  N  F  D  A  A  C
A  D  U  S  Y  S  S  P  F  L  E  M  N  T
C  U  R  C  A  V  U  I  T  U  S  R  I  I
I  K  G  T  N  G  S  C  N  M  E  C  M  C
E  V  Y  J  L  Z  C  A  F  E  R  A  A  X
R  I  S  P  D  H  I  L  L  N  T  L  L  X
X  T  E  J  Z  A  P  E  S  U  O  I  I  B
G  A  R  M  W  P  I  G  U  B  Z  G  A  P
Z  L  E  M  O  N  T  E  S  E  F  O  D  D
Z  I  N  F  R  O  N  D  E  S  Y  B  O  F
F  S  A  N  C  T  U  A  R  I  U  M  V  E
```

APES	MONTES
ANIMALIA	CALIGO
ARCTIC	NUBES
PULCHRITUDO	PACIS
SILVA	FLUMEN
DESERTO	FERA
SUSCIPIT	SANCTUARIUM
EXESA	SERENA
FRONDE	TROPICAL
GLACIER	VITALIS

49 - Vacaciones #1

```
E R R U M B R E L L A I D C
F X F C P Q Y I Z T I T I O
V P P T V N O C W T V I S N
L M M E I M R H A A B N C S
Z H E O D V O V P R X E E E
M H B M U I N N E W C R S Q
U G G A L V T T E T K A S U
S E T N U A V I A T O R U A
E L T T S M P U O X Æ I M T
U A L I Q U A M T N P U W K
M C Y C J S D M C B E M Q T
H U X A F N G J C E Z F A R
A S C V R L K I W V U W P A
C O N S U E T U D I N E S M
```

CONSUETUDINES	MANTICA
VIVAMUS	MONETÆ
ALIQUAM	MUSEUM
CAR	UMBRELLA
EXPEDITIONE	CONSEQUAT
ITINERARIUM	DISCESSUM
LACUS	TRAM
VIDULUS	VIATOR

50 - Conduciendo

```
I V J F P K N P S H L R T O
Y P E R I C U L U M C A R C
E Z L S E A L A F A U E H E
P N I A T R L T J P N N O L
E S C A K I A E R Y I E P E
D N E C Q B B A D W C A X R
E H N C E A P U D C U N H I
S Y T I A V N E L W L E L T
T Q I D O L O R G U U P M A
R I A E Y J I Z A M M U K T
E W Z N M O T O R C Y C L E
M S U S Q Q E L A M O T O R
B D D U M E T A G S F H L M
S A L U T E M P E N O X L L
```

ACCIDENS   MOTORCYCLE
PLATEA   MOTOR
DOLOR   PEDESTREM
CAR   PERICULUM
ESCA   AT
DUMETA   SALUTEM
GARAGE   NULLA
VESTIBULUM   AENEAN
LICENTIA   CUNICULUM
MAP   CELERITATE

51 - Ballet

```
E M U S U O P L F I I F C S
O X U E P A D F M V N A H O
R O P S J R I G E S T U O L
A R R R I S Q G U B E D R O
R C N D E C O R U M N I E L
T H F U X S A R T I S T O E
E E V J M L S B P D I O G C
V S W Q M E S I W Q O R R T
Z T N E V Z R B V Y N E A I
E R M R O L C O U U E S P O
S A L T A T O R E S M T H N
S U M U S C U L I P K Y Y E
R E C E N S E N D U M L N S
C O M P O S I T O R M E Q G
```

DECORUM
ARTIS
AUDITORES
SALTATORES
COMPOSITOR
CHOREOGRAPHY
RECENSENDUM
STYLE
EXPRESSIVUM
GESTU

ARTE
INTENSIONEM
LECTIONES
MUSCULI
MUSICA
ORCHESTRA
USU
NUMERO
SOLO
ARS

52 - Aventura

```
V D V E N D F S G F N P D X
P D E P R A E P A R A T I O
U E L B Y D W H U N V Z I K
L Y R W C O Y X D A I M T A
C S A I E B T V I T G I I R
H I I A C T I O U U A R N S
R N L E A U I G M R T U E T
I S O U Z M L I K A I M R U
T O J V D U I O S P O G A D
U L J F U W X C S J N A R I
D I V O Q M L R I U E K I U
O T A R O G P S A S M U U M
K A C T G G S A L U T E M R
P E R E G R I N A N D U M X
```

ACTIO
GAUDIUM
AMICIS
PULCHRITUDO
STUDIUM
PEREGRINANDUM
INSOLITA
ITINERARIUM

NATURA
NAVIGATIONEM
NOVUM
FORTE
PERICULOSUM
PRAEPARATIO
SALUTEM
MIRUM

53 - Pájaros

```
F L A M I N G O A N A T I S
Z C P G A R Y C Q J V N U H
M P S I T T A C U S G A E D
T I U W J D S T I C Y U C B
X K C P V U W N L W G V L D
C O L U M B A M A S L Y P L
I V C L C A N P E L I C A N
C U O L D U N H E R O N S T
O M R U S X C S V N H Y S O
N O V M L I N K E P R B E U
I H U N Z U Q Z O R U T R C
A N S F A W C U B O E V Z A
J A C C I P I T E R F M G N
S T R U T H I O N E M N K B
```

STRUTHIONEM
AQUILA
GA
CICONIA
SWAN
CUCKOO
CORVUS
FLAMINGO
ANSEREM
HERON

GULL
PASSER
ACCIPITER
OVUM
PSITTACUS
COLUMBAM
ANATIS
PELICAN
PULLUM
TOUCAN

54 - Playa

```
A I A L N U M U L Y P F N A
J N E O T M A R E U Z C E S
P C I A Z B B L U E Q W A Q
V H V A F R J W L I A H X D
D N T A U E V L W S J F Y Q
L Y P R L L O A M A P D W U
I I S O L L Q C A N C E R H
R G N O N A P U E D E I O A
F E C T J H W N P A Q Y W R
R L E C E O R A F L N F P E
Z T L F K U V Y K I A U H N
I N S U L A M U L A V H M A
F F W K N A V I Z M I F Q Z
J F U G Q D U D E V S H L J
```

HARENA   MARE
REEF   OCEANUM
BLUE   UMBRELLA
NAVI   SANDALIA
CANCER   SOL
ORA   LINTEUM
INSULA   NAVIS
LACUNA

55 - Surf

```
Q F O R T I T U D O C X V Q
X O U W N N L W B V Z B I O
B M N P T C P V S B Q H J D
F W D W R E S K T U R B A S
S O A P D P M M Y O G E T P
T K R A I T R P L I T A D O
O S Y T X O K M E H E C C P
M C B Q I S C L X S C H S U
A R E M U S J R T S T Z I L
C C L A S I S G R G D A C A
H T M N N L P I E V I R S R
U Z X E D U X Y M R E E F I
M S P U M A M G A U B F E S
A T H L E T A J P Y S X X W
```

REEF   FORTITUDO
ATHLETA   TURBAS
FORTISSIMUS   OCEANUM
TEMPESTAS   UNDA
SPUMA   BEACH
STYLE   POPULARIS
STOMACHUM   INCEPTOS
EXTREMA   REMUS

56 - Geografía

```
F G F F G Z Z Y F W H K N H
Z R E G I O N E X W E J O M
A M U N D I Z J Q E M S R A
L O N G I T U D I N I S T R
T N C V S N J P R P S A H E
I T P O W I S W K S P U R R
T E A R N A J U E A H W G R
U M T Y I T Q Y L W A U W T
D A R K A L I N J A E Q N Z
O P I T G A L N G U R B E M
C J A Z S S H W E Q I D V Z
L A T I T U D O K N O J X Q
M E R I D I A N U S S N L Q
M E R I D I E M F L U M E N
```

ALTITUDO
ATLAS
URBEM
CONTINENS
HEMISPHAERIO
INSULA
LATITUDO
LONGITUDINIS
MAP
MARE

MERIDIANUS
MONTEM
MUNDI
NORTH
WEST
PATRIA
REGIONE
FLUMEN
MERIDIEM

57 - Deportes

```
G  W  V  G  Y  M  N  A  S  I  U  M  S  V
M  B  H  F  U  R  R  T  R  A  L  G  B  I
P  B  B  X  D  X  L  H  E  X  T  Y  C  N
B  Q  V  W  O  I  U  L  F  Z  R  M  O  D
S  N  L  A  L  L  D  E  E  S  I  N  N  I
X  X  N  W  O  F  I  T  R  T  C  A  S  C
N  K  F  O  R  R  O  A  E  A  E  S  E  I
B  A  S  E  B  A  L  L  N  D  S  T  C  A
V  M  G  Z  L  E  U  U  D  I  L  I  T  E
X  I  O  O  J  D  D  D  A  U  A  C  E  R
G  C  C  T  L  A  I  U  R  M  B  A  T  J
C  V  D  T  U  F  U  M  I  K  E  E  U  Y
Z  P  S  I  O  S  S  E  U  O  F  S  E  U
U  K  F  Q  E  R  I  Z  S  K  X  U  R  N
```

ATHLETA	VICTOR
REFERENDARIUS	GYMNASTICAE
ULTRICES	GYMNASIUM
BASEBALL	GOLF
VINDICIAE	CONSECTETUER
RAEDA	LUDUM
DOLOR	LUDIO LUDIUS
STADIUM	MOTUS

58 - Actividades

```
G A R D E N I N G C A O S J
A R T E M A G I A V C T N G
I C O N S E Q U A T T I M S
N U P E V J I X A K I U H U
V L U D O S C A W L O M U Q
C E K L L N Y J N N C S K T
O C N Y U I V P I C T U R A
M T I A P F S I K A R T E S
M I T O T J C S U S Q U F Q
O O T G A I Z C K T A R A C
D O I A T R O A D R S A V L
I B N U E E Z N C A U Q B R
S V G E M X R D E F J O Y F
B Y G X W R N I N A U T K D
```

ACTIO	LUDOS
ES	LECTIO
ARTES	MAGIA
CASTRA	OTIUM
VENATIONE	PISCANDI
SUTURA	PICTURA
ARTE	VOLUPTATEM
COMMODIS	CONSEQUAT
GARDENING	KNITTING

59 - Verduras

```
O S S G B C U C U R B I T A
E U P R R M T C M O C D J D
O L I V A E H H U D P E R A
S B N U S P Y G B C X D I U
H E A A S R A D I C U L A C
A U C F I C A C T U S M R U
L K H W C S E M X Y V R I S
L G U K A F U N G O R U M S
O N B P T S A L G E N T E M
T N M L I A I Y B P B S C S
P E T R O S E L I N U M E D
A L L I U M U U F X E A P T
A P I U M Y E M F W Y K A D
J L G I N G I B E R B B I T
```

ALLIUM
CACTUS
APIUM
ALGENTEM
CUCURBITA
CEPA
SHALLOT
BRASSICA
SEM
SPINACH

PISUM
GINGIBER
RAPA
OLIVAE
CUCUMIS
PETROSELINUM
RADICULA
FUNGORUM
DAUCUS

60 - Instrumentos Musicales

```
M N I S M G C H B Y B J M P
A P I A N O I A A B B K J E
N W O B M N T R S Q P M K R
D B K W F G H M S M M D R C
O B M M M S A O O O U S T U
L T I B I A R N O T H F Y S
I R V A C X A I N P U O M S
N O I N E O G C B V E B P U
N M T J L P O A K E A H A S
V B A O L H T I B I A E N O
C O E Z O O Q B D X O M U N
Z N D S K N G N M L Q U M A
W E E P O E E X J T L D V T
B C P X T L M V N Y H R U A
```

HARMONICA   TYMPANUM
BANJO   PERCUSSUS
TIBIAE   PIANO
BASSOON   SAXOPHONE
TIBIA   TROMBONE
GONG   TUBA
CITHARA   VITAE
MANDOLIN   CELLO
SONATA

61 - Escalada

```
P X L N C O R P O R I S A F
Z X L D U U O R I G D L L O
Q U B Z P E R I T U S U T R
F U S E V C V I V X S K I T
A P J G C A V E O A D O T I
O V R V P M G K I S H M U T
D I S C I P L I N A I A D U
U Q V T T Z U M I N C T O D
C A E S T U S A U G G Z A O
E Q Y I G B R P R U D S E S
S G Q W R O E D I S L S R I
T A B E R N U S A T Z J I Q
C K L G A L E A M A V T S P
S T A B I L I T A T E M D Y
```

ALTITUDO
AERIS
TABERNUS
GALEAM
CAVE
CURIOSITAS
STABILITATEM
ANGUSTA

PERITUS
CORPORIS
DISCIPLINA
FORTITUDO
CAESTUS
DUCES
INIURIAM
MAP

62 - Mascotas

```
P U N G U I B U S L T V T R
C A U D A J R O A A U E O U
H I R C U M U S S C R T R P
A A U D B F O R B E T E Q X
L O R U M G A Z F R U R U U
C I B U M L R W P T R I E J
X R N X P A X U S A N N M B
K L C L Z J S W I Q Y A Z I
V D Y F E L I S T V L R S P
C A N I S P N A T C W I K I
E I V L K U U S A A Z U D S
Z E X P I P U S C D Q S C C
T K D D E P Z B U I V U U E
I S X M U Y M X S A Z Y A S
```

AQUA
HIRCUM
PUPPY
CAUDA
TORQUEM
CIBUM
LEPUS
LORUM
UNGUIBUS

FELIS
LACERTA
PSITTACUS
CANIS
PISCES
MUS
TURTUR
BOS
VETERINARIUS

63 - Formas

```
Y  P  C  U  R  V  A  E  A  G  Q  A  O  Z
M  A  I  K  W  D  J  A  T  N  K  V  V  U
O  R  R  O  P  R  I  S  M  A  G  Q  A  P
H  T  C  C  Y  L  I  N  D  R  O  U  L  Q
W  E  U  U  R  P  H  P  Z  N  J  A  L  B
Q  E  L  B  A  E  K  X  L  Z  E  D  N  O
O  U  U  U  M  L  S  P  H  A  E  R  A  C
I  R  S  S  I  L  R  C  W  X  I  A  G  O
S  H  A  B  D  I  B  Y  D  M  C  T  T  N
H  W  Z  S  I  P  X  O  S  L  I  U  C  I
D  P  Y  R  S  S  S  S  S  I  R  M  F  K
E  T  V  A  R  I  M  X  I  N  C  N  F  L
P  V  T  F  O  Z  D  M  E  E  U  A  P  S
P  O  L  Y  G  O  N  U  M  A  M  R  T  Q
```

ARC	SPHAERA
ORAS	ANGULO
CYLINDRO	PARTE
CIRCULUS	LINEA
CONI	OVAL
QUADRATUM	PYRAMIDIS
CUBUS	POLYGONUM
CURVA	PRISMA
ELLIPSI	CIRCUM

64 - Flores

```
P F T H M T A R A X A C U M
A L W G A R D E N I A W C A
P O T A G L A O P H O T I S
A S U L N A R C I S S U S P
V F L U O O M O N C C M E E
E O I S L P R L S S E N A T
R S P T I Z X C G A K I E A
V D A C A S I A H M P I N L
P E A P L U M E R I A A E O
P T R I F O L I U M D B A R
H I B I S C O B O A X X N U
M Q Q W R Y L I L I U M P M
P A S S I O N F L O W E R V
H E L I A N T H U S U B J Z
```

PAPAVER	NARCISSUS
TARAXACUM	ORCHID
GARDENIA	PASSIONFLOWER
HELIANTHUS	AGLAOPHOTIS
HIBISCO	PETALORUM
AENEAN	PLUMERIA
CASIA	FLOS
LILIUM	ROSA
MAGNOLIA	TRIFOLIUM
DAISY	TULIPA

65 - Astronomía

```
P H O W C Y M Q C O S M O S
B O M R Y V L P L A N E T A
A S T E R O I D E M E T L H
T E L E S C O P I U M L D D
A E Q U I N O C T I U M U J
O B S E R V A T O R I U M M
A S T R O N A U T V R G E U
W K S U P E R N O V A A T N
Q P E C X Z E K Z N D L E I
T G S A T E L L E S I A O V
E C L I P S I S N W A X R E
R P Y U W X M G M E L I O R
R P N L N S I D U S I A N S
A S A G G A N Y S G S J U I
```

ASTEROIDEM	METEORON
ASTRONAUT	OBSERVATORIUM
CAELUM	PLANETA
ERUCA	RADIALIS
SIDUS	SATELLES
COSMOS	SUPERNOVA
ECLIPSIS	TELESCOPIUM
AEQUINOCTIUM	TERRA
GALAXIA	UNIVERSI
LUNA	

66 - Tiempo

```
I D H G N D N D G G D Q D E
D I E W H O R A X I J F E Q
C T R O A M C D O L Z J C O
A B I S N F U T U R U M E W
L F R N N H N M E N S E N Q
E K O J U C E N T U R Y N I
N N X K A N R M I N U T I S
D B W R N G C A V G H S U B
A K A V T R H N S B O Z M R
R K V S E F M E V B D H J D
T M E R I D I E S A I U V W
S E P T I M A N A N E G V N
B X S C M S G P U N E X D S
Z W K Y H O R O L O G I U M
```

NUNC   HODIE
ANTE   MANE
ANNUA   CRAS
ANNO   MERIDIES
HERI   MENSE
CALENDAR   MINUTIS
DECENNIUM   NOCTE
DIE   HOROLOGIUM
FUTURUM   SEPTIMANA
HORA   CENTURY

67 - Paisajes

```
G A X H S B C W B I L M C V
N E A F Z H A W E C A C O A
P V Y N V W V T A E C L N V
A A A S P F E U C B U A V P
M A R E E O Z N H E N C A U
P J Y Q Q R A D K R A U L M
V O L C A N O R E G S S L O
I G O A S I S A P S Y J I N
F L U M E N S L F A E H S T
C A T A R A C T A S L R W E
S C P E N I N S U L A U T M
W I N S U L A A W C H Q S O
M E X A E S T U A R I U M N
O R S I J U N P L I P S E Z
```

CATARACTA	MARE
CAVE	MONTEM
DESERTO	OASIS
AESTUARIUM,	PALUS
GEYSER	PENINSULA
GLACIER	BEACH
ICEBERG	FLUMEN
INSULA	TUNDRA
LACUS	CONVALLIS
LACUNA	VOLCANO

68 - Días y Meses

```
A N N O W E D N E S D A Y W
S A F X G H J U L Y J V T A
F U M Z J S A T U R D A Y L
J G E G O S Q N Y Z S K F I
J U N E V N O V E M B E R Q
Z S S O I X A P E Q W X B U
C T E V S E P T I M A N A A
J A F F E B R U A R Y V F M
A L L D O M I N I C A E X A
N H O E O O L S C Q I N Y R
U H H U N N I W I J D E K T
A U G H J D S Z A C R R L I
R Q W J E A A O I C L I N S
Y R S Q X Y I R W Q C S B E
```

APRILIS	MONDAY
AUGUST	MARTIS
ANNO	MENSE
CALENDAR	WEDNESDAY
DOMINICA	NOVEMBER
JANUARY	ALIQUAM
FEBRUARY	SATURDAY
JOVIS	SEPTIMANA
JULY	VENERIS
JUNE	

69 - Chocolate

```
A M D I N G R E D I E N S P
Z Z G U S T U S O N Z V B U
F O O R L L H K L H Z S Z L
K F G P A C E H O C X S Z V
F Z W V N A I F R F V T G E
Z F K V R R N S J E Z E N R
D E L E C T A M E N T U M I
S X Y N S I A O I Y H F Z S
A O V T Z S W M Y P J E S L
P T S U G A R G A C X G E I
O I M S V N A W L R G H I C
R C H F C A G X X X A Z A F
E A I K C L Q U A L I T A S
M L X A N T I O X I D A N T
```

AMARA
ANTIOXIDANT
ARTISANAL
SUGAR
QUALITAS
DOLOR
DELECTAMENTUM

DULCIS
EXOTIC
VENTUS
GUSTUS
INGREDIENS
PULVERIS
SAPOREM

70 - Barbacoas

```
P R A N D I U M A O H L W F
F P M T W Y O C E P E X V Y
A U U O Y M M I S F I L I I
M L S M H P F B T L F U D V
E L I A J Z Q U A R R D A L
S U C T R U O M T Y U O G E
P M A O F P I J E X C S H G
Z I B E Q Q O R F N T A F U
W U P S C R A T I C U L A M
R I N E X Q F S E V S Y M I
A M S Q R C Y D U N Q L I N
A M I C I S S F B C T G L A
C A L I D U M Y H X T I I G
C O N D I M E N T U M E A F
```

AMICIS

CALIDUM

CEPE

PRANDIUM

CIBUM

POTENTI

FAMILIA

FRUCTUS

FAMES

LUDOS

MUSICA

FILII

CRATICULAM

PIPER

PULLUM

SAL

CONDIMENTUM

TOMATOES

AESTATE

LEGUMINA

71 - Ropa

```
A E L H S A N D A L I A A C
Y R W A C I N G U L U M Z H
T E M B S H I R T N A U Z L
I G H I Q A U N T X L C H A
B C B T L T M I Q A J X J M
I M T U R L C O A T C W E Y
A N O U C S A C N K N N W D
L U W R T W N M C I B C E E
I L T J E E C V A Y L A L M
A L P A J A M A S N O E R C
Y A V C O T L C C L U S Y P
Y N O K W E T D E B S T N C
I E M E B R A C C A E U K J
A C Q T L A C I N I A S J O
```

COAT   JEWELRY
BLOUSE   MORE
CHLAMYDEM   BRACCAE
TIBIALIA   PAJAMAS
SHIRT   ARMILLAM
JACKET   SANDALIA
CINGULUM   HAT
MONILE   SWEATER
LACINIA   HABITU
CAESTUS   NULLA NEC

72 - Meditación

```
M I S E R I C O R D I A M O
O B S E R V A T I O N E E P
I Z M U S I C A A I N I N E
Y C Y I R S P I R A N S S R
M O T U S A F F E C T U S A
P R O S P E C T U M D O G M
M S T A T U R A M K I E R Y
U T R A N Q U I L L I T A S
F N A T U R A A C R N S T J
A C C E P T I O P O R R I J
T R C L A R I T A S R M A Y
H C K Q C M E N T I S D C O
S R C W E P I U A G R E I I
Q O J G M P B B O K O Y C A
```

ACCEPTIO	MENS
OPERAM	MOTUS
MISERICORDIAM	MUSICA
TRANQUILLITAS	NATURA
CLARITAS	OBSERVATIONE
MISERICORDIA	PACEM
AFFECTUS	PROSPECTUM
GRATIA	STATURAM
MENTIS	SPIRANS

73 - Libros

```
W S C I O P S L W G P T H D
T L A T N A D E A H L W I U
V E R B A G V O O K E T S A
W F M Q P E E T K C C U T L
C G E C W B L N Z Z T J O I
C O N T E X T Q I I O H R T
N O V E P A F I A O R U I A
L I T T E R A R U M S J C T
G X A W R L B B V V E U A E
Q U Q J T A U C T O R S S M
R M U X I J L Z U G I M C V
A G G Q N C A S U S E O H W
C O L L E C T I O X S D U A
K Z W R T Y U C A R M I N A
```

AUCTOR   LECTOR
CASUS   LITTERARUM
COLLECTIO   NOVE
CONTEXT   VERBA
DUALITATEM   PAGE
FABULA   PERTINET
HISTORICA   CARMEN
HUJUSMODI   CARMINA
INGENIOSUS   SERIES

74 - Nutrición

```
O  J  P  Q  B  D  F  S  E  R  V  O  L  Z
S  E  P  D  V  I  T  A  M  I  N  U  M  F
E  Q  E  O  X  E  L  N  E  S  K  U  J  F
N  A  K  E  N  T  E  U  P  N  Z  F  W  F
V  D  O  M  H  D  D  S  A  L  U  T  E  M
L  I  B  R  A  T  U  M  Y  A  Y  V  Q  F
L  P  X  A  B  N  L  S  D  M  B  N  U  E
N  I  V  F  I  S  I  M  X  A  W  C  A  R
J  S  I  E  T  A  S  I  C  R  H  L  L  M
J  C  I  B  U  S  A  N  T  A  N  B  I  E
I  I  I  E  S  N  Y  G  C  O  N  G  T  N
C  N  S  A  P  O  R  E  M  E  X  T  A  T
A  G  A  P  P  E  T  I  T  U  S  I  S  U
C  O  N  C  O  C  T  I  O  N  E  M  N  M
```

AMARA
APPETITUS
QUALITAS
ADIPISCING
EDULIS
DIET
CONCOCTIONEM
LIBRATUM
FERMENTUM

HABITUS
CIBUS
PONDUS
SERVO
SAPOREM
SALUTEM
SANUS
TOXIN
VITAMINUM

75 - Bondad

```
A R M J U Q Z Z M X P S L I
M M I T I S S Y T C B O I N
I V E R U M H U R D Y P B T
C P A T I E N S D L M Z E E
A H R E V E R E N T I O R L
I W O P E U A M A R E Z A L
U N W S R Y R J X I C L E
J N T Y P E X O F C B K I C
S H F E Z I M E F E E E S T
O E Z A N F T U C R A R B U
Z J F F W D D A V T T I P S
C T K Z G F E I L A U Y I A
R E C E P T I V A E S I P D
B E N E V O L E N S M J N G
```

AMICA

AMET

AMARE

HOSPITALEM

INTENDE

PATIENS

INTELLECTUS

RECEPTIVA

BEATUS

REVERENTIOR

CERTA

MITIS

LIBERALIS

BENEVOLENS

VERUM

76 - Edificios

```
L I H Q M L W F Y C H J U Z
N L O U U E F A R M O T N S
G C R D S G L C T C S H I Y
J L R M E A Y T F A P E V P
S G E D U T N O D S I A E V
C T U E M I U R H T T T R A
I S M X N O L Y D R A R S M
C O C E H N L K R U L U I U
M R A T O E A H R M I M T G
A U U M T M L S B E S S Y A
P L E E E H O S P I C I O R
S O X G L C A M E R A M W A
F O R U M S C H O L A E U G
T U R R I S T A D I U M Q E
```

HOSPICIO
DUIS
CAMERAM
CASTRUM
LEGATIONEM
SCHOLA
STADIUM
FACTORY
GARAGE
HORREUM

FARM
HOSPITALIS
HOTEL
NULLA
MUSEUM
FORUM
THEATRUM
TURRIS
UNIVERSITY

77 - Océano

```
B L R M J Z Y H Y X O B Z T
P A N G U I L L A Q M W A E
S O L J E L L Y F I S H S M
Q C L E W W A H S W N S C P
U A P Y N D E L P H I N I E
I N I U P A T F H F S A A S
L C S D Q U B U A Z H V E T
L E C S A L S T N K A I S A
A R E E F V P U U A R B T S
U B S K K C O R A L K A U P
O S T R E A N T W M O Y S T
Z Q R R N T G U L W V W H G
H W K A R Q I R M E E B O U
R X A L G A A G Y Y R V L W
```

ALGA   SPONGIA
ANGUILLA   AESTUS
REEF   JELLYFISH
TUNA   OSTREA
BALENA   PISCES
NAVI   POLYPUS
SQUILLA   SAL
CANCER   SHARK
CORAL   TEMPESTAS
DELPHINI   TURTUR

78 - Ciudad

```
F S V F T H E A T R U M Y W
Z D G A L L E R Y T N N X C
P C Y W V O P A P R I P A M
L A L W E O R M P Z V G V S
B S E L I T H I I G E G E T
O T C U X K O H S F R S X W
O O D H F H T S T T S K O N
K R Y B O X E L R U I N H E
S E L Y F L L R I A T Q U I
T U P L O M A Q N B Y D A C
O W H O R S M G U B R H U A
R T H M U S E U M G H A Q S
E F X K M S T A D I U M R U
P H H D U S S Y E D D O Y Y
```

ELIT   HOTEL
RIPAM   BOOKSTORE
LIBRARY   MUSEUM
CASU   PISTRINUM
EGET   AMET
SCHOLA   FORUM
STADIUM   THEATRUM
ATQUI   STORE
FLORIST   UNIVERSITY
GALLERY   EXO

79 - Conservación

```
Z E Q G P E S T I C I D E A
R E D U C E R E P M U R Z I
C M U T A T I O N E S R B A
S U Q I X W C R N D P I A L
L D R B B R T G A U O V M I
M U R S S M A A T C L X S Q
A Z L A U X Q N U A L L S U
H E W R O S U I R T U Z A A
A C A E L I A C A I T F L M
B V I R I D I S L O I K U S
I G J B H O I H I N O U T N
T S C K W V O J S Z B X E Z
A A Q O E C O S Y S T E M P
T Y L X M E D X H H H B U Q
```

AQUA   NATURALIS
ALIQUAM   ORGANIC
MUTATIONES   PESTICIDE
CURSUS   CURA
CAELI   REDUCERE
POLLUTIO   SALUTEM
ECOSYSTEM   NULLAM
EDUCATION   VIRIDIS
HABITAT

80 - Exploración

```
L C K O V W C H R L S Y I D
C I G N O T U M G L G B N E
O C N L D X L E G E I V V T
G Z V G G C T X R V M M E E
W H O U U T U O S E E T N R
R J T Q V A S S P B O O T M
O T H A A N I M A L I A I I
D I S C E R E D T E C A O N
M U G T Q O I F I Y Y R X A
Q A N I M U S J U S X U G T
A L S O F E R A M Y T X P I
R Z M E V K T P L Y K A N O
O I G G T U M U L T U S N K
T R A V E L M I Z H W S U T
```

ACTIO
ANIMALIA
DISCERE
ANIMUS
CULTUS
IGNOTUM
INVENTIO
DETERMINATIO

DISTANT
TUMULTUS
SPATIUM
LINGUA
NOVUM
FERA
TRAVEL

81 - Campeonato

```
V N A U L C O N S I L I O J
W I B L L U H U J W Y V D G
G L N K C G N M B P D Y D V
Z C N D J T R I S I S C W V
O H W T I Z W S P A E I S N
F M P B C C F M A S U D O R
V I C T O R I A T G I B L A
X L N A O G E A I H S C U E
Z F L A K H C H E D M N D D
P M U W L J A I N H O V I A
I U D E X I U P T K D L S J
H F O R T I S S I M U S O H
D Q S Y I C A T A H G M N R
T O R N E A M E N T U M B Y
```

VINDICIAE
FORTISSIMUS
LUDIS
RAEDA
DOLOR
CONSILIO
FINALIST
LUDOS

IUDEX
NUMISMA
CAUSAM
EUISMOD
PATIENTIA
TORNEAMENTUM
SUDOR
VICTORIA

82 - Actividades y Ocio

```
B T S U P E R F I C I E S R
O R O Z R P K H X J P B W Z
X I P D I G N I S S I M V Z
I S B I E S Y N C A S T R A
N T T A C Z H H Z E C P A P
G I R N S T B O O W A C M U
A Q A K Y E U T B J N O E L
R U V C Q X B R D B D N T V
D E E N N G Y A A G I S D I
E Y L Q I F Z B L P G E P N
N P P R H J I N N L O Q S A
I N A T A N T E S F L U N R
N X U L T R I C E S F A L J
G Q E Y X A I N L G L T U N
```

HOBBIES	GARDENING
ES	NATANTES
ULTRICES	PISCANDI
BASEBALL	PICTURA
BOXING	AMET
CONSEQUAT	SUPERFICIES
CASTRA	TRISTIQUE
DIGNISSIM	TRAVEL
GOLF	PULVINAR

83 - Comida #1

```
F U F M V N A S I E Y C B H
R T T P G K Z Y U X K E A O
A U A Z C E O X C C G P S R
G F Z A S B R Q V I U A I D
U Y S S N P P V T B Q S L E
M I N T S E M R U U W N I U
S C A P U L U S A M N A U M
P U H B J I I A J P I L S H
I P G D P T O J E N A L L E
N I J A J S A L T M L I J Z
A R C U R V G R U Z P U L W
C U G C Q J V O N L E M O N
H M N U R I T Q A L A C M G
S N A S E C T S M S J T V P
```

ALLIUM   FRAGUM
BASILIUS   SUCUS
TUNA   LAC
SUGAR   LEMON
CAPULUS   MINT
CIBUM   RAPA
HORDEUM   PIRUM
CEPA   SAL
SEM   ELIT
SPINACH   DAUCUS

84 - Virtudes #1

```
C D Q E G L X Z W L Z M V J
P E F O Q I C D D J D O V J
A C R G E B Q G T L W D E Z
T R B T Q E F F I C I E N S
I E O A A R V C Z O Y S U C
E T N X B A B A W S Y T S U
N O U C P L H S D W O U T R
S R M G O I X K T R A S U I
M I Z B U S A P I E N S S O
P U A I N T E L L I G E N S
W M N P R A C T I C A G W U
Z F J D A X L F A R T I S S
I R A C U N D U S X J G V V
L S O J B S A F I J Y N Y Y
```

IRACUNDUS
ARTIS
BONUM
CURIOSUS
DECRETORIUM
EFFICIENS
VENUSTUS
CERTA

LIBERALIS
INTELLIGENS
MUNDUS
MODESTUS
PATIENS
PRACTICA
SAPIENS

85 - Literatura

```
G X D Q G N M F K A S Q S C
B Q I W T U E I C R I M K O
W Z A J A M T C O G M D Y M
W X L L N E A T N U I E A P
C O O Z A R P A C M L S U A
O D G V L O H T O E I C C R
N C U Q Y S O C R N T R T A
C W S P S F R U D T U I O T
L V A O I A A R A U D P R I
U A I E S B U G R M O T G O
S S F T S E N T E N T I A N
I A K I A L Z B C W N O V E
O J J C L L S T Y L E N O E
F P H A D A J C A R M E N K
```

SIMILITUDO   FICTA
ANALYSIS   METAPHORA
FABELLA   NOVE
AUCTOR   SENTENTIA
VITA   CARMEN
COMPARATIONE   POETICA
CONCLUSIO   CONCORDARE
DESCRIPTION   NUMERO
DIALOGUS   ARGUMENTUM
STYLE

86 - Clima

```
P Q C A E L U M S U M W B M
R I J E T E S I A I C E V G
O L T R O P I C A L C O W O
C T D I L U V I U M A C D T
E O E S P O F E F U L G U R
L R L M V E N T U S I S C M
L T X P P J P A D E G I A C
A O H H F E Y O Y X O C E O
E R U R H A S T L R R C L K
T O L C V D I T N A W I I J
K T O N I T R U A L R T Y Z
N U B E S P W R O S A A C H
R X N L O A C B J T O T Q C
C O H A U R A O V Q P E K P
```

AERIS   POLAR
AURA   FULGUR
CAELUM   SICCUM
CAELI   SICCITATE
ICE   TORTOR
PROCELLAE   TEMPESTAS
DILUVIUM   TURBO
ETESIA   TROPICAL
CALIGO   TONITRUA
NUBES   VENTUS

87 - Comida #2

```
U T T P A N E M P Y U A O G
Y U E U T N J M F I K M V V
U Z S L R M A N G O S K U H
B V P L I X L Y W F E C M E
K S A U T K V W K R X H E U
S Z P M I G I N G I B E R S
W P I L C F G W A P P L E J
H M U B U J I D I C R I C E
O Y M U M O L O Z A Y A A B
D E K C E R A S U S O N C D
E G G P L A N T C E G T T X
G I V S W B T D F U U H U J
H A L I I W E K M S R U S Y
I T L O N O M A B K T S P R
```

CACTUS   MANGO
VIGILANTEM   APPLE
APIUM   PANEM
RICE   PISCES
EGGPLANT   PULLUM
CERASUS   CASEUS
HELIANTHUS   TRITICUM
OVUM   UVA
GINGIBER   YOGURT
KIWI

88 - Castillos

```
P C J R J G X B J P W B F F
O N O B I L I S K A R M A E
C O R O N A M N B L E H T U
N L Y S S D O E I A G P U D
P R I N C I P E M T N D R A
D K I C I U F Q Z I U Y R L
P R I W A M L R M U M N I F
I J A I O T P D O M M A S E
D H H C J E A E Q U E S C Q
A R C E O C G P R O C T U U
P R I N C I P E U I T I T U
U M U R U M E B Q L U A U S
U N I C O R N I S Q T M M S
K Y O Z R V S M O M K R H B
```

ARMA	ARCE
EQUES	IMPERIUM
EQUUS	NOBILIS
CATAPULT	PALATIUM
CORONAM	MURUM
DYNASTIA	PRINCIPEM
DRACO	PRINCIPE
SCUTUM	REGNUM
GLADIUM	TURRIS
FEUDAL	UNICORNIS

89 - Arte

```
R Z S U B I E C T U M D I D
E M O O D V X S Y X H Y N S
K Z M K S P I I F G U C S S
R T E L L U S G R K C O P G
S O X T O O Y N Q X O M I D
A U P H V Q A U S P M P R Y
L M R V E P P M K I P O A O
I P E R T R A H E C L S T R
O D S S E V M Q X T E I I J
B X S E E A V C G U X T X G
L V I S U A L A P R U I F H
W Z O O R I G I N A L O U E
F I G U R A S U S E Y I V Q
G H M K J U C A R M I N A F
```

TELLUS   ALIO
COMPLEXU   PICTURAE
COMPOSITIO   CARMINA
EXPRESSIO   PERTRAHE
FIGURA   SIGNUM
AMET   SURREALISM
MOOD   SUBIECTUM
INSPIRATI   VISUAL
ORIGINAL

90 - Herboristería

```
R O S M A R I N U S T J S O
H C F L O S C A S I A L A R
O U A V P L A N T A V W P I
R L E I E A W E U F I U O G
T I N R T R K T M I N T R A
U N I I R O Q H B D G N E N
S A C D O M B U T K R F M I
Z R U I S A A M A R E C L C
C Y L S E T S J R L D B Q Q
H R I O L I I E R P I I J K
Y T O Y I C L E A F E T J Q
B K X C N U I A G R N W A T
A L L I U M U W O Y S N W S
H A H X M S S F N H M I G S
```

ALLIUM	INGREDIENS
BASILIUS	HORTUS
AROMATICUM	CASIA
CROCUS	ORIGANI
QUALITAS	MINT
CULINARY	PETROSELINUM
ANETHUM	PLANTA
TARRAGON	ROSMARINUS
FLOS	SAPOREM
FAENICULI	VIRIDIS

91 - Verano

```
S D O M U M A R E G P C C W
I M V U A M I C I S L I O V
D V K S A N D A L I A B N S
E Z G I H F W Z U D J U S S
R P Q C F O K X D V Q M E V
A L A A N K R H O D G T Q T
C L H E R B F T S D A T U Q
Y A Y E J E A H U W U R A P
U K S V X A M V P S D A T B
L W B T R C I O V Z I V A K
R Z X N R H L T U B U E V D
R G V X X A I I Y E M L Y S
B O X N Q J A U B C M X E Q
M E M O R I A M T G D Q L V
```

GAUDIUM   MARE
AMICIS   MUSICA
CASTRA   OTIUM
CIBUM   BEACH
SIDERA   MEMORIA
FAMILIA   CONSEQUAT
DOMUM   SANDALIA
HORTUS   TRAVEL
LUDOS

92 - Insectos

```
L A D Y B U G L J O P A A D
X T H M D W A S P L Y F N R
G I R N D D P J Y I D K T A
W U L L G J H H Y Z U U D G
G W T E R M I T E X U M Z O
V E R M I S D C I C A D A N
L I H X L S U T E R U S W F
M O G P L O O I C U L E X L
O A C C U H F N R O E P G Y
D P N U S F B E E T L E A D
W V L T S B L A T T A M P H
E A D E I T G C S J X Q I B
H Z Y B T S A Q R J D K S R
N R H S P A P I L I O W J O
```

APIS   UTERUS
WASP   DRAGONFLY
APHID   MANTIS
CICADA   PAPILIO
BLATTAM   LADYBUG
BEETLE   CULEX
VERMIS   TINEA
ANT   GRILLUS
LOCUSTA   TERMITE

93 - Especias

```
P C U C I F L L C Z D G U U
S P N U T M E G A R I P P L
P H L R P U P H F C O R U U
A I A R N G O K F X I C U L
L A P Y D U L C I S S D U O
L M O E A N E T H U M C U S
I O S T R I Z V K N E O H M
U M S K C U S P O A P R C P
M U F A E N I C U L I I E A
D M X F P Z O Z E A S A L P
J N B S A P O R E M K N S R
L I Q U I R I T I A E D E I
I R G I N G I B E R C R H K
E D X P U R U S O A F I O A
```

ACIDUM   DULCIS
ALLIUM   FAENICULI
AMARA   GINGIBER
ANETHUM   NUTMEG
CROCUS   PAPRIKA
AMOMUM   PIPER
CEPA   LIQUIRITIAE
PURUS   SAPOREM
CORIANDRI   SAL
CURRY

94 - Emociones

```
T I P A C E M R L S O G T B
S R E M I S S U M Y N R R X
T A A M S I G H J M E A I Y
A A T N D K A V Y P R T S J
M K E I Q D U Q I A O U T G
D Y H D S U D I I T S M I Y
D L Q L I Y I J U H A N T U
V N K D G U U L P I S E I F
N D G F T F M L L A L M A M
T E N E R I T U D I N E M I
V B J M E T U S M R T T R R
E X C I T A T U R Y G A S U
B K B S U M A M O R Q R S M
M I S E R I C O R D I A M W
```

TAEDIUM   METUS
GRATUM   PACEM
GAUDIUM   REMISSUM
AMOR   SATIS
ONEROSA   SYMPATHIA
MISERICORDIAM   MIRUM
TRANQUILLITAS   TENERITUDINEM
EXCITATUR   TRISTITIA
IRA

95 - Mediciones

```
H S K K I L O G R A M Q U M
M E I P A D O G Z G T O N I
W X L R O L E N L I Z O C N
R T O O F B T A G R A M I U
D A M F T Y L I G I G C A T
E R E U V T X N T V T V M I
C I T N K E C C S U U N S
I U E D Z D Z H T X D O D T
M M R U G M E T R I P O M O
A A E M Q R L I T E R O F C
L S D I V B A P O N D U S F
E S E S O C R D N A G J Y E
S A D Q V W L D U A T U K Y
L A T I T U D O G S W R J Y
```

ALTITUDO   MASSA
LATITUDO   METRI
BYTE   MINUTIS
DECIMALES   UNCIAM
GRADUS   PONDUS
GRAM   SEXTARIUM
KILOGRAM   PROFUNDUM
KILOMETER   INCH
LITER   TON
LONGITUDO

96 - Barcos

```
T  V  L  S  B  V  S  Y  M  G  N  L  N  L
B  C  P  I  A  G  D  E  K  A  Y  X  A  I
N  C  J  B  K  D  Y  N  A  V  I  S  U  N
F  L  U  M  E  N  T  G  Y  O  L  G  T  T
O  U  P  O  R  T  T  I  T  O  R  W  I  E
M  C  N  N  M  K  R  N  C  F  Q  N  C  R
V  A  T  E  Q  C  A  E  S  T  U  S  I  U
P  N  R  N  M  E  T  Y  L  B  O  E  S  R
O  T  Y  E  J  O  I  Y  A  N  C  H  O  R
L  A  C  U  S  W  S  G  M  K  E  H  Y  U
P  V  N  A  U  T  A  T  H  U  A  E  A  O
G  I  S  U  S  T  I  N  E  O  N  R  C  P
F  T  E  P  T  F  L  U  C  T  U  S  H  E
E  X  R  T  O  G  X  I  F  C  M  N  T  L
```

ANCHOR	NAUTA
RATIS	ENGINE
SUSTINEO	NAUTICIS
LINTER	OCEANUM
FUNEM	FLUCTUS
PORTTITOR	FLUMEN
KAYAK	CANTAVIT
LACUS	NAVIS
MARE	YACHT
AESTUS	

97 - Antártida

```
T I T C R K M Y O X U A E I
E N O O I U K A J M L I N C
M Q R N B B X V R I D H V Q
P U T T Z N J E P G M Q I M
E I O I B A Y S E R S D R I
S S R N V E R F N A C R O N
T I I E X P E D I T I O N E
A T M N R A X I N I E C M R
S O N S S Q O S S O N K E A
H R Y U H U J V U G T Y N L
R E R M B A L P L F I Y T I
C M K G J E X A A Y F M P B
L N B U U F S P E C I E S U
G E O G R A P H I A C R F S
```

AQUA
BAY
SCIENTIFIC
TEMPESTAS
CONTINENS
SPECIES
EXPEDITIONE
GEOGRAPHIA
ICE
INQUISITOREM

INSULAE
ENVIRONMENT
MIGRATIO
MINERALIBUS
NUBES
AVES
PENINSULA
ROCKY
TORTOR

98 - Piratas

```
J T G Z C A N T A V I T M D
N B I Y B L Q Z A E C S A E
A L C I C A T R I X A R L C
H Q W U P B V G K I N C U I
M Z O X M Y R Z A L C A M M
T H E S A U R U S L H S A A
P S I T T A C U S U O U U L
R U M Z S F O A L M R S R L
H C A P T A I N V E W H U H
T S P T U S N S X E G L M C
I N S U L A S P M G F E L X
I B W P E R I C U L U M N D
B E A C H G L A D I U M P D
E C X T S Q L C K N U D C E
```

ANCHOR   PSITTACUS
CASUS   MALUM
VEXILLUM   MAP
DECIMA   COINS
CAPTAIN   AURUM
CICATRIX   PERICULUM
CAVE   BEACH
GLADIUM   RUM
INSULA   THESAURUS
LEGEND   CANTAVIT

99 - Mamíferos

```
V W X O A R E W V T K G P F
U L J I J R I Y C O Y O T E
L K K I O E C A M E L U S L
P E N O V E S A S I N U S I
E L P G U L F Q N R X R H S
S K O U D E L P H I N I L B
M Z R J S P M Q I L S K K M
K E C O P H P A N T H E R A
L B I E G A B M J Y Q X X C
U R G E J N T A U R U S K R
P A Z Q Q T H F L N M F R O
U R S U S I M I A E J S F P
S I Y U R S D Y U J N D Q U
B T C S O S E N Y D K A J S
```

BALENA
ASINUS
EQUUS
CAMELUS
MACROPUS
ZEBRA
LEPUS
COYOTE
DELPHINI
ELEPHANTIS

FELIS
ORCI
PANTHERA
LUPUS
SIMIA
URSUS
OVES
CANIS
TAURUS
VULPES

100 - Abejas

```
G V I A P P F L O R E S F R
C C N A O P L A N T I S R J
I W S D L H O R T U S V U M
B O E V L Y R R T B J B C P
U L C R E D E A E F W R T X
M T T D N G B M L G M X U D
I B I M K N I O S V I F S C
S P M L Q W T A G J E N X E
C I E E E F U M U S E O A R
E B L P O L L I N A T O R A
N S D Y D E A I O D Z L H R
T D O J F H L L L Q G V Y Z
U G E D S C I U K R L K O S
R D I V E R S I T A S V S C
```

ALIS
UTILE
CERA
ALVEO
CIBUM
DIVERSITAS
MISCENTUR
FLOREBIT
FLORES

FRUCTUS
FUMUS
INSECT
HORTUS
MEL
PLANTIS
POLLEN
POLLINATOR
REGINA

1 - Ajedrez

2 - Agua

3 - Granja #2

4 - Mueble

5 - Pesca

6 - Aviones

7 - Tipos de Cabello

8 - Ciencia Ficción

9 - Juguetes

10 - Circo

11 - Granja #1

12 - Camping

13 - Fruta

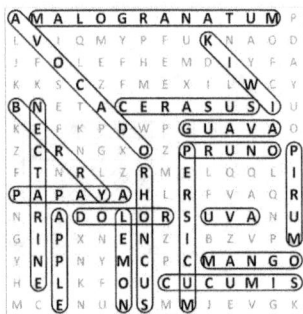

14 - Geología

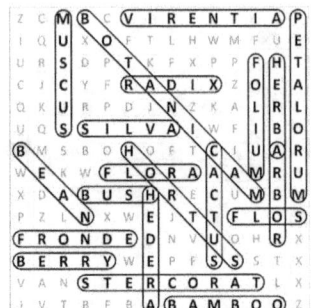

15 - Plantas

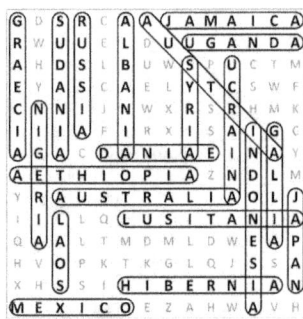

16 - Suministros de Arte

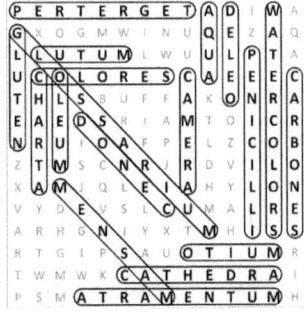

17 - Jardín

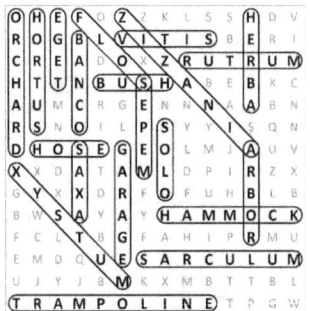

18 - Países #2

19 - Tecnología

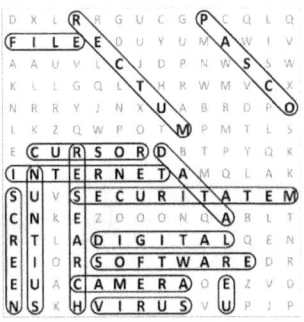

20 - Números

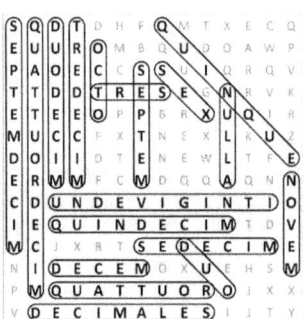

21 - Mitología

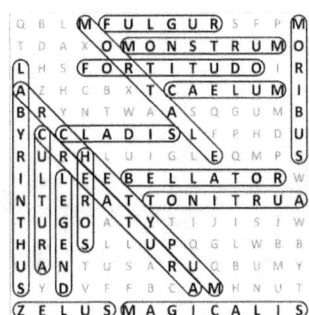

22 - Ecología

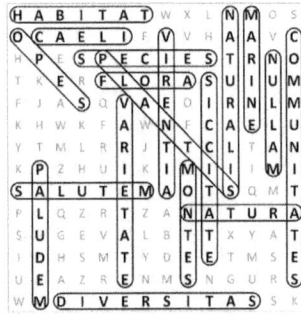

23 - Herramientas

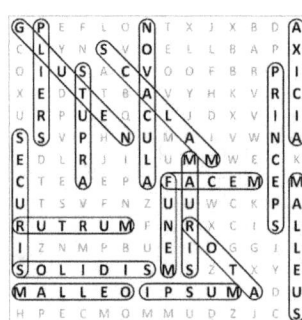

24 - Casa

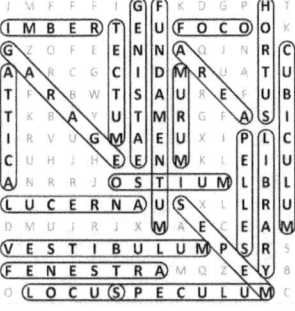

25 - Artes Visuales

26 - Escuela #2

27 - Selva Tropical

28 - Colores

29 - Adjetivos #1

30 - Familia

31 - Disciplinas Científicas

32 - Cocina

33 - Escuela #1

34 - Adjetivos #2

35 - Cuerpo Humano

36 - Ciencia

37 - Dinosaurios

38 - Restaurante #2

39 - Profesiones #1

40 - Vehículos

41 - Vacaciones #2

42 - Cumpleaños

43 - Baile

44 - Matemáticas

45 - Restaurante #1

46 - Profesiones #2

47 - Senderismo

48 - Naturaleza

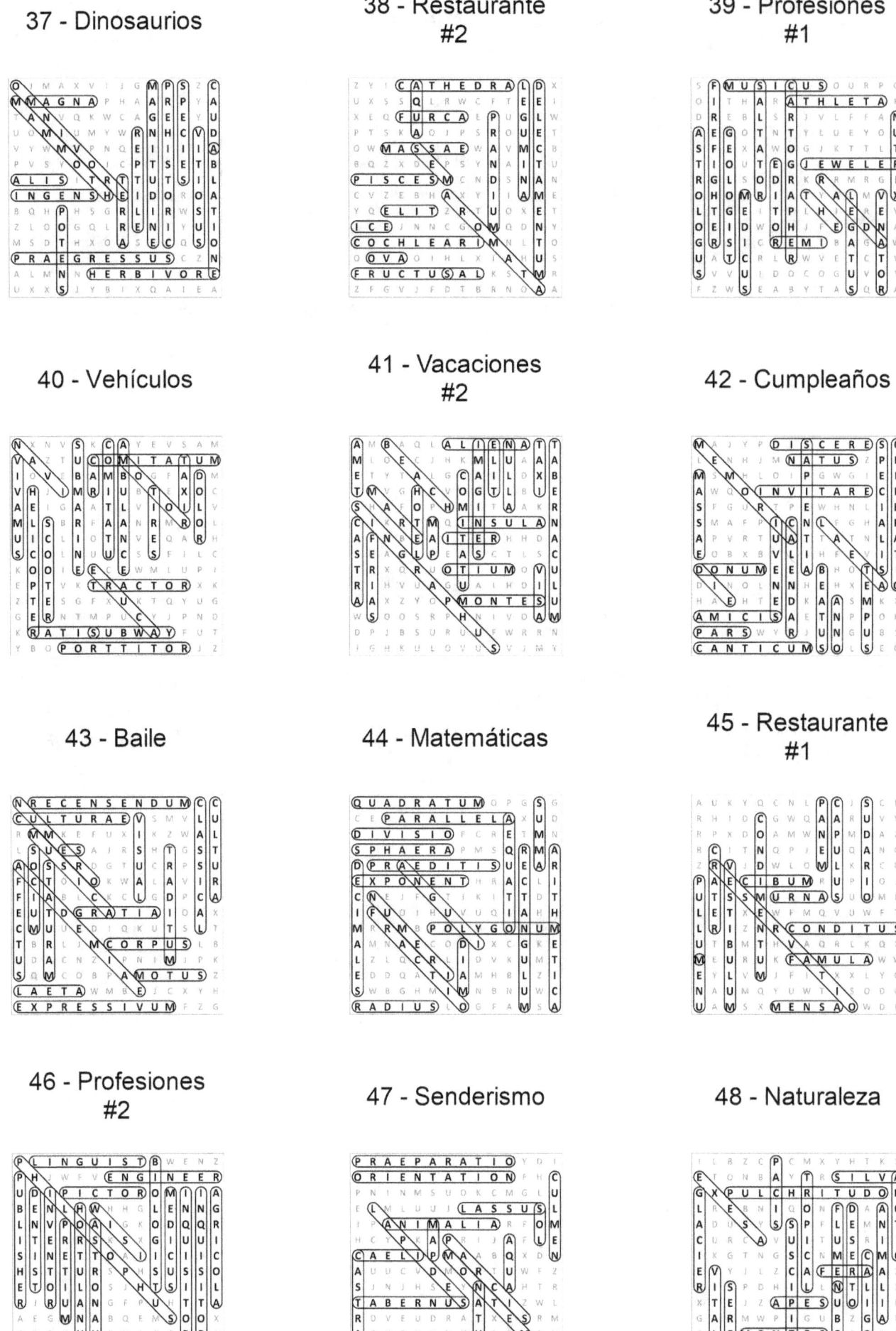

49 - Vacaciones #1

50 - Conduciendo

51 - Ballet

52 - Aventura

53 - Pájaros

54 - Playa

55 - Surf

56 - Geografía

57 - Deportes

58 - Actividades

59 - Verduras

60 - Instrumentos Musicales

61 - Escalada

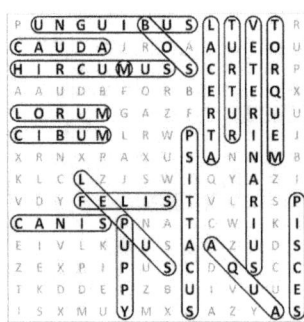

62 - Mascotas

63 - Formas

64 - Flores

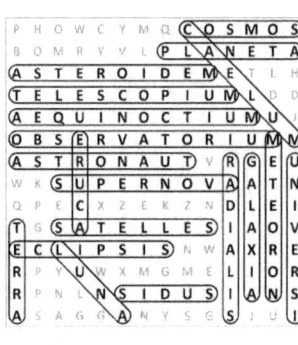

65 - Astronomía

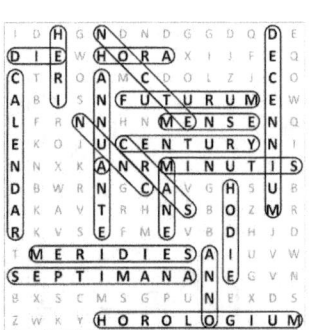

66 - Tiempo

67 - Paisajes

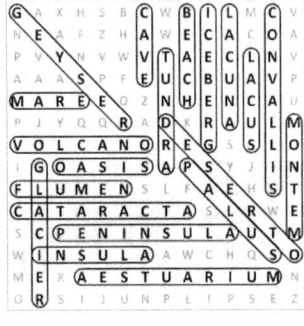

68 - Días y Meses

69 - Chocolate

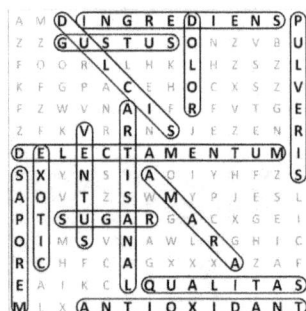

70 - Barbacoas

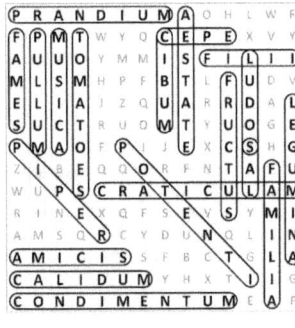

71 - Ropa

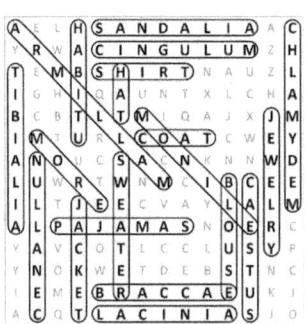

72 - Meditación

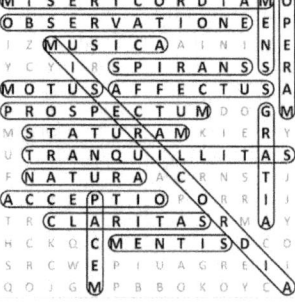

73 - Libros

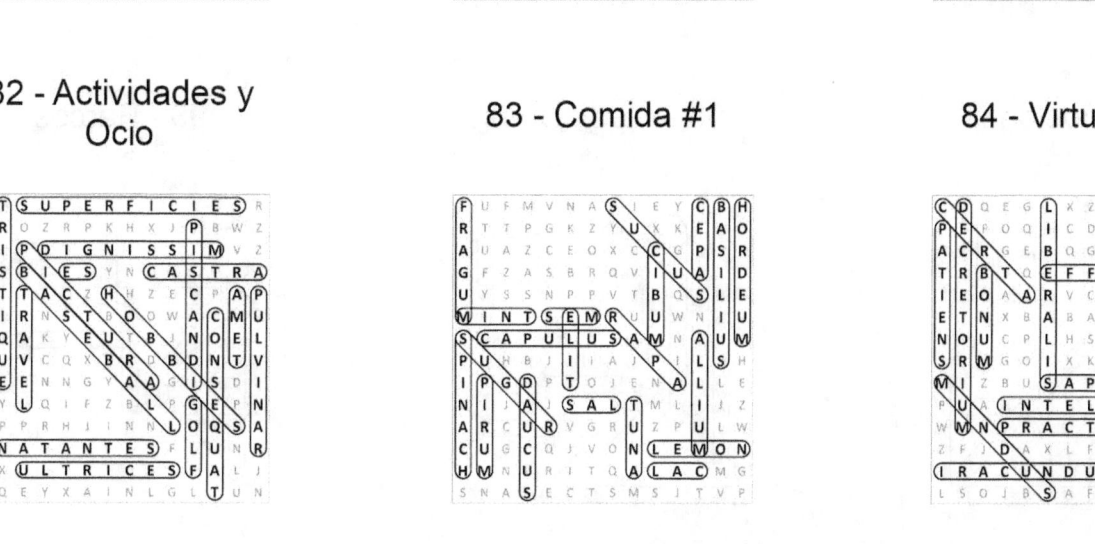

74 - Nutrición

75 - Bondad

76 - Edificios

77 - Océano

78 - Ciudad

79 - Conservación

80 - Exploración

81 - Campeonato

82 - Actividades y Ocio

83 - Comida #1

84 - Virtudes #1

85 - Literatura

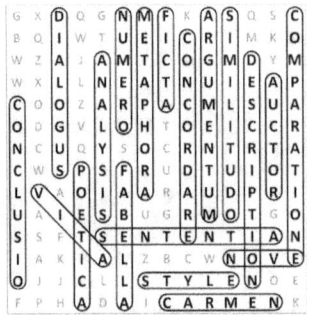

86 - Clima

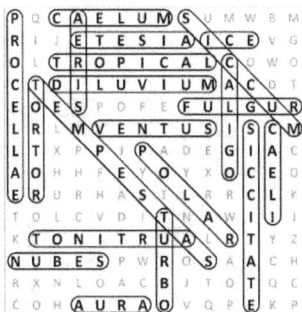

87 - Comida #2

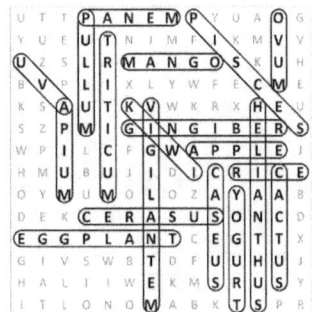

88 - Castillos

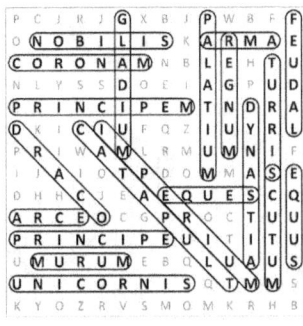

89 - Arte

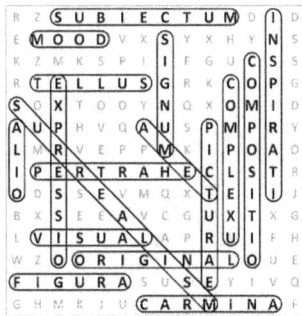

90 - Herboristería

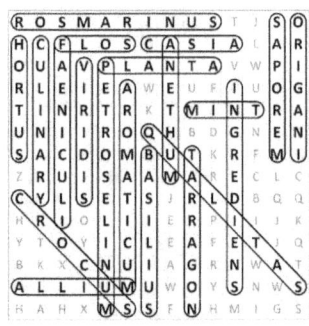

91 - Verano

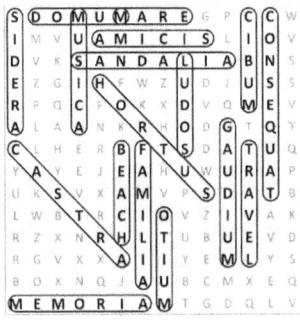

92 - Insectos

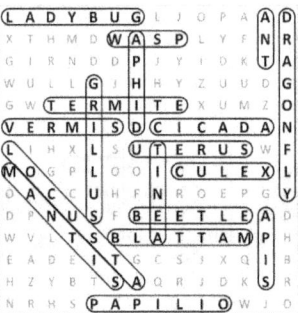

93 - Especias

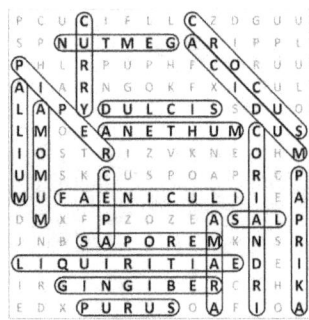

94 - Emociones

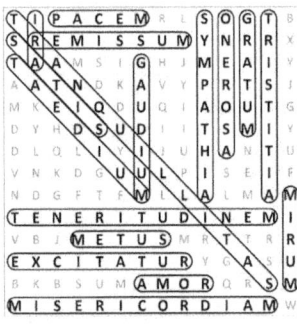

95 - Mediciones

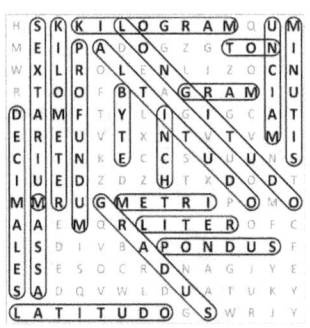

96 - Barcos

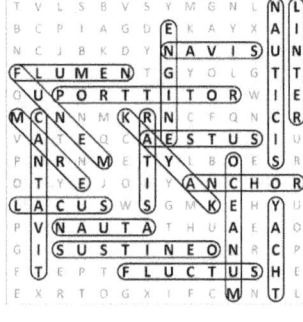

97 - Antártida

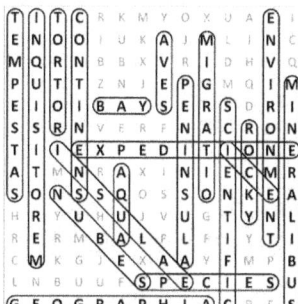

98 - Piratas

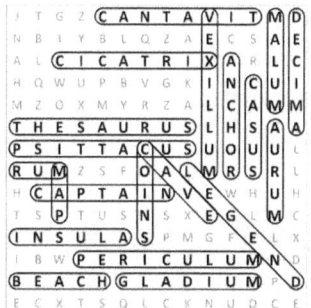

99 - Mamíferos

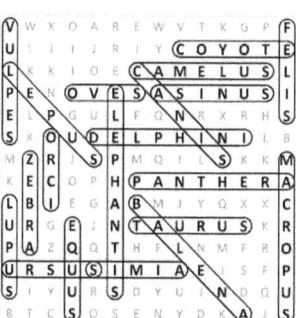

100 - Abejas

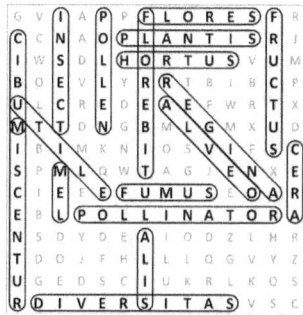

Diccionario

Abejas
Apes

Alas	Alis
Beneficioso	Utile
Cera	Cera
Colmena	Alveo
Comida	Cibum
Diversidad	Diversitas
Ecosistema	Ecosystem
Enjambre	Miscentur
Flor	Florebit
Flores	Flores
Fruta	Fructus
Humo	Fumus
Insecto	Insect
Jardín	Hortus
Miel	Mel
Plantas	Plantis
Polen	Pollen
Polinizador	Pollinator
Reina	Regina
Sol	Sol

Actividades
Operationes

Actividad	Actio
Arte	Es
Artesanía	Artes
Camping	Castra
Caza	Venatione
Costura	Sutura
Habilidad	Arte
Intereses	Commodis
Jardinería	Gardening
Juegos	Ludos
Lectura	Lectio
Magia	Magia
Ocio	Otium
Pesca	Piscandi
Pintura	Pictura
Placer	Voluptatem
Relajación	Consequat
Tejer	Knitting

Actividades y Ocio
Operationes et Otium

Aficiones	Hobbies
Arte	Es
Baloncesto	Ultrices
Béisbol	Baseball
Boxeo	Boxing
Buceo	Consequat
Camping	Castra
Fútbol	Dignissim
Golf	Golf
Jardinería	Gardening
Natación	Natantes
Pesca	Piscandi
Pintura	Pictura
Relajante	Amet
Surf	Superficies
Tenis	Tristique
Viaje	Travel
Voleibol	Pulvinar

Adjetivos #1
Adiectiva #1

Absoluto	Absoluta
Activo	Activa
Ambicioso	Ambitiosa
Aromático	Aromaticum
Atractivo	Nibh
Brillante	Clara
Enorme	Ingens
Exótico	Exotic
Generoso	Liberalis
Grande	Magna
Honesto	Amet
Importante	Maximus
Inocente	Innocens
Joven	Iuvenes
Lento	Tardus
Moderno	Modern
Oscuro	Tenebris
Perfecto	Perfectum
Pesado	Gravis
Valioso	Pretiosum

Adjetivos #2
Adiectiva #2

Cansado	Lassus
Comestible	Edulis
Creativo	Creatrix
Descriptivo	Descriptive
Dramático	Tragicus
Elegante	Elegans
Famoso	Nobilis
Fresco	Nova
Fuerte	Fortis
Interesante	Commodo
Natural	Naturalis
Normal	Duis
Nuevo	Novum
Orgulloso	Superbus
Picante	Conditus
Productivo	Fructuosa
Responsable	Amet
Salado	Salsa
Saludable	Sanus
Seco	Siccum

Agua
Aqua

Canal	Canalis
Ducha	Imber
Evaporación	Evaporatio
Géiser	Geyser
Helada	Gelu
Hielo	Ice
Humedad	Humiditas
Huracán	Procellae
Húmedo	Humido
Inundación	Diluvium
Lago	Lacus
Lluvia	Pluvia
Monzón	Etesia
Nieve	Nix
Océano	Oceanum
Olas	Fluctus
Potable	Drinkable
Riego	Irrigationes
Río	Flumen
Vapor	Vapor

Ajedrez
Latrunculorum

Aprender	Discere
Blanco	Albus
Campeón	Fortissimus
Concurso	Certamen
Diagonal	Diameter
Estrategia	Consilio
Juego	Ludum
Jugador	Ludio Ludius
Negro	Nigrum
Oponente	Adversarius
Pasivo	Passiva
Puntos	Puncta
Reglas	Praecepta
Reina	Regina
Rey	Rex
Sacrificio	Sacrificium
Tiempo	Tempus
Torneo	Torneamentum

Antártida
Antarctica

Agua	Aqua
Bahía	Bay
Científico	Scientific
Clima	Tempestas
Continente	Continens
Especie	Species
Expedición	Expeditione
Geografía	Geographia
Hielo	Ice
Investigador	Inquisitorem
Islas	Insulae
Medio Ambiente	Environment
Migración	Migratio
Minerales	Mineralibus
Nubes	Nubes
Pájaros	Aves
Península	Peninsula
Rocoso	Rocky
Temperatura	Tortor
Topografía	Topographia

Arte
Es

Cerámica	Tellus
Complejo	Complexu
Composición	Compositio
Expresión	Expressio
Figura	Figura
Honesto	Amet
Humor	Mood
Inspirado	Inspirati
Original	Original
Personal	Alio
Pinturas	Picturae
Poesía	Carmina
Retratar	Pertrahe
Símbolo	Signum
Surrealismo	Surrealism
Tema	Subiectum
Visual	Visual

Artes Visuales
Artibus

Arcilla	Lutum
Arquitectura	Architectura
Artista	Artifex
Caballete	Otium
Carbón	Carbones
Cera	Cera
Composición	Compositio
Creatividad	Glossarium
Fotografía	Photograph
Lápiz	Graphium
Obra Maestra	Palmarius
Película	Duis
Perspectiva	Prospectum
Pintura	Pictura
Plantilla	Stencil
Pluma	Pen
Retrato	Effigies
Tiza	Creta

Astronomía
Astronomia

Asteroide	Asteroidem
Astronauta	Astronaut
Astrónomo	Astrologus
Cielo	Caelum
Cohete	Eruca
Constelación	Sidus
Cosmos	Cosmos
Eclipse	Eclipsis
Equinoccio	Aequinoctium
Galaxia	Galaxia
Luna	Luna
Meteoro	Meteoron
Observatorio	Observatorium
Planeta	Planeta
Radiación	Radialis
Satélite	Satelles
Supernova	Supernova
Telescopio	Telescopium
Tierra	Terra
Universo	Universi

Aventura
Casus

Actividad	Actio
Alegría	Gaudium
Amigos	Amicis
Belleza	Pulchritudo
Dificultad	Difficultas
Entusiasmo	Studium
Excursión	Peregrinandum
Inusual	Insolita
Itinerario	Itinerarium
Naturaleza	Natura
Navegación	Navigationem
Nuevo	Novum
Oportunidad	Forte
Peligroso	Periculosum
Preparación	Praeparatio
Seguridad	Salutem
Sorprendente	Mirum
Valentía	Virtute

Aviones
Airplanes

Aire	Aer
Altura	Altitudo
Aterrizaje	Portum
Atmósfera	Aeris
Aventura	Casus
Cielo	Caelum
Combustible	Esca
Construcción	Constructione
Dirección	Versus
Diseño	Consilium
Globo	Balloon
Hidrógeno	Consectetuer
Historia	Historia
Inflar	Inflamus
Motor	Engine
Navegar	Navigare
Pasajero	Transeunte
Piloto	Gubernator
Tripulación	Cantavit
Turbulencia	Ferociam

Baile
Chorus

Academia	Academiae
Alegre	Laeta
Arte	Es
Clásico	Classical
Coreografía	Choreography
Cuerpo	Corpus
Cultura	Cultura
Cultural	Culturae
Emoción	Affectus
Ensayo	Recensendum
Expresivo	Expressivum
Gracia	Gratia
Movimiento	Motus
Música	Musica
Postura	Staturam
Ritmo	Numero
Socio	Socium
Tradicional	Traditum
Visual	Visual

Ballet
Talarium

Agraciado	Decorum
Artístico	Artis
Audiencia	Auditores
Bailarines	Saltatores
Compositor	Compositor
Coreografía	Choreography
Ensayo	Recensendum
Estilo	Style
Expresivo	Expressivum
Gesto	Gestu
Habilidad	Arte
Intensidad	Intensionem
Lecciones	Lectiones
Músculos	Musculi
Música	Musica
Orquesta	Orchestra
Práctica	Usu
Ritmo	Numero
Solo	Solo
Técnica	Ars

Barbacoas
Barbecues

Amigos	Amicis
Caliente	Calidum
Cebollas	Cepe
Cena	Prandium
Comida	Cibum
Ensaladas	Potenti
Familia	Familia
Fruta	Fructus
Hambre	Fames
Juegos	Ludos
Música	Musica
Niños	Filii
Parrilla	Craticulam
Pimienta	Piper
Pollo	Pullum
Sal	Sal
Salsa	Condimentum
Tomates	Tomatoes
Verano	Aestate
Verduras	Legumina

Barcos
Navibus

Ancla	Anchor
Balsa	Ratis
Boya	Sustineo
Canoa	Linter
Cuerda	Funem
Ferry	Porttitor
Kayak	Kayak
Lago	Lacus
Mar	Mare
Marea	Aestus
Marinero	Nauta
Motor	Engine
Náutico	Nauticis
Océano	Oceanum
Olas	Fluctus
Río	Flumen
Tripulación	Cantavit
Velero	Navis
Yate	Yacht

Bondad
Misericordiam

Amistoso	Amica
Amoroso	Amare
Atento	Intende
Comprensión	Intellectus
Feliz	Beatus
Fiable	Certa
Generoso	Liberalis
Genuino	Verum
Honesto	Amet
Hospitalario	Hospitalem
Paciente	Patiens
Receptivo	Receptiva
Respetuoso	Reverentior
Suave	Mitis
Útil	Benevolens

Campeonato
Vindiciae

Campeonato	Vindiciae
Campeón	Fortissimus
Deportes	Ludis
Entrenador	Raeda
Equipo	Dolor
Estrategia	Consilio
Finalista	Finalist
Juegos	Ludos
Juez	Iudex
Medalla	Numisma
Motivación	Causam
Rendimiento	Euismod
Resistencia	Patientia
Torneo	Torneamentum
Transpiración	Sudor
Victoria	Victoria

Camping
Castra

Animales	Animalia
Aventura	Casus
Árboles	Arbores
Bosque	Silva
Brújula	Decima
Cabina	Cameram
Canoa	Linter
Caza	Venatione
Cuerda	Funem
Equipo	Apparatu
Fuego	Ignis
Hamaca	Hammock
Insecto	Insect
Lago	Lacus
Linterna	Cornu
Luna	Luna
Mapa	Map
Montaña	Montem
Naturaleza	Natura
Sombrero	Hat

Casa
Domus

Ático	Attica
Biblioteca	Library
Chimenea	Foco
Cocina	Vestibulum
Cortinas	Pelles
Dormitorio	Cubiculum
Ducha	Imber
Escoba	Genistae
Espejo	Speculum
Garaje	Garage
Habitación	Locus
Jardín	Hortus
Lámpara	Lucerna
Pared	Murum
Piso	Area
Puerta	Ostium
Sótano	Fundamentum
Techo	Tectum
Valla	Sepem
Ventana	Fenestra

Castillos
Castella

Armadura	Arma
Caballero	Eques
Caballo	Equus
Catapulta	Catapult
Corona	Coronam
Dinastía	Dynastia
Dragón	Draco
Escudo	Scutum
Espada	Gladium
Feudal	Feudal
Fortaleza	Arce
Imperio	Imperium
Noble	Nobilis
Palacio	Palatium
Pared	Murum
Princesa	Principem
Príncipe	Principe
Reino	Regnum
Torre	Turris
Unicornio	Unicornis

Chocolate
Scelerisque

Amargo	Amara
Antioxidante	Antioxidant
Artesanal	Artisanal
Azúcar	Sugar
Calidad	Qualitas
Calorías	Adipiscing
Coco	Dolor
Delicioso	Delectamentum
Dulce	Dulcis
Exótico	Exotic
Favorito	Ventus
Gusto	Gustus
Ingrediente	Ingrediens
Polvo	Pulveris
Receta	Consequat
Sabor	Saporem

Ciencia
Scientia

Átomo	Atom
Científico	Scientist
Clima	Caeli
Datos	Data
Evolución	Praegressus
Experimento	Experimentum
Física	Physica
Fósil	Fossile
Gravedad	Gravitatis
Hecho	Eo
Hipótesis	Rum
Laboratorio	Nulla
Método	Modus
Minerales	Mineralibus
Moléculas	Moleculis
Naturaleza	Natura
Observación	Observatione
Partículas	Particulis
Plantas	Plantis
Químico	Eget

Ciencia Ficción
Scientia Ficta

Atómico	Atomicus
Distante	Distant
Distopía	Dystopia
Explosión	Crepitus
Extremo	Extrema
Fantástico	Suspendisse
Fuego	Ignis
Futurista	Futuristic
Galaxia	Galaxia
Ilusión	Illusio
Imaginario	Imaginaria
Misterioso	Arcanum
Mundo	Mundi
Novelas	Conscripserit
Oráculo	Oraculum
Planeta	Planeta
Tecnología	Nulla
Utopía	Utopia

Circo
Circo

Acróbata	Acrobat
Animales	Animalia
Billete	Aliquam
Carpa	Tabernaculum
Desfile	Pompam
Elefante	Elephantis
Espectador	Spectator
Globos	Balloons
León	Leo
Magia	Magia
Mago	Magus
Malabarista	Juggler
Mono	Simia
Mostrar	Ostende
Música	Musica
Tigre	Tiger
Traje	Habitu
Truco	Dolum

Ciudad
Oppidum

Aeropuerto	Elit
Banco	Ripam
Biblioteca	Library
Café	Casu
Clínica	Eget
Escuela	Schola
Estadio	Stadium
Farmacia	Atqui
Florista	Florist
Galería	Gallery
Hotel	Hotel
Librería	Bookstore
Museo	Museum
Panadería	Pistrinum
Restaurante	Amet
Supermercado	Forum
Teatro	Theatrum
Tienda	Store
Universidad	University
Zoo	Exo

Clima
Tempestas

Atmósfera	Aeris
Brisa	Aura
Cielo	Caelum
Clima	Caeli
Hielo	Ice
Huracán	Procellae
Inundación	Diluvium
Monzón	Etesia
Niebla	Caligo
Nube	Nubes
Polar	Polar
Rayo	Fulgur
Seco	Siccum
Sequía	Siccitate
Temperatura	Tortor
Tormenta	Tempestas
Tornado	Turbo
Tropical	Tropical
Trueno	Tonitrua
Viento	Ventus

Cocina
Vestibulum

Caldera	Lebete
Comida	Cibum
Congelador	Mauris
Cucharas	Scyphos
Cucharón	Hauriatur
Especias	Aromata
Esponja	Spongia
Horno	Clibano
Jarra	Hydria
Palillos	Chopsticks
Parrilla	Craticulam
Receta	Consequat
Refrigerador	Leo
Servilleta	Sudario
Tazas	Pocula
Tazón	Crater
Tenedores	Tridentes

Colores
Colores

Amarillo	Flavum
Azul	Blue
Azur	Caerulus
Beige	Beige
Blanco	Albus
Carmesí	Purpureo
Fucsia	Fuchsia
Gris	Grey
Marrón	Brown
Naranja	Rhoncus
Negro	Nigrum
Púrpura	Purpura
Rojo	Red
Rosa	Pink
Verde	Viridis
Violeta	Hyacinthum

Comida #1
Cibum #1

Ajo	Allium
Albahaca	Basilius
Atún	Tuna
Azúcar	Sugar
Café	Capulus
Carne	Cibum
Cebada	Hordeum
Cebolla	Cepa
Ensalada	Sem
Espinacas	Spinach
Fresa	Fragum
Jugo	Sucus
Leche	Lac
Limón	Lemon
Menta	Mint
Nabo	Rapa
Pera	Pirum
Sal	Sal
Sopa	Elit
Zanahoria	Daucus

Comida #2
Cibum #2

Alcachofa	Cactus
Almendra	Vigilantem
Apio	Apium
Arroz	Rice
Berenjena	Eggplant
Cereza	Cerasus
Chocolate	Scelerisque
Girasol	Helianthus
Huevo	Ovum
Jengibre	Gingiber
Kiwi	Kiwi
Mango	Mango
Manzana	Apple
Pan	Panem
Pescado	Pisces
Pollo	Pullum
Queso	Caseus
Trigo	Triticum
Uva	Uva
Yogur	Yogurt

Conduciendo
Pulsis

Accidente	Accidens
Calle	Platea
Camión	Dolor
Coche	Car
Combustible	Esca
Frenos	Dumeta
Garaje	Garage
Gas	Vestibulum
Licencia	Licentia
Mapa	Map
Motocicleta	Motorcycle
Motor	Motor
Peatonal	Pedestrem
Peligro	Periculum
Policía	At
Seguridad	Salutem
Transporte	Nulla
Tráfico	Aenean
Túnel	Cuniculum
Velocidad	Celeritate

Conservación
Conservationem

Agua	Aqua
Ambiental	Aliquam
Cambios	Mutationes
Ciclo	Cursus
Clima	Caeli
Contaminación	Pollutio
Ecosistema	Ecosystem
Educación	Education
Hábitat	Habitat
Natural	Naturalis
Orgánico	Organic
Pesticida	Pesticide
Preocupación	Cura
Reducir	Reducere
Salud	Salutem
Sostenible	Nullam
Verde	Viridis

Cuerpo Humano
Corpus Humanum

Barbilla	Mentum
Boca	Ore
Cabeza	Caput
Cara	Faciem
Cerebro	Cerebrum
Codo	Cubitus
Corazón	Cor
Cuello	Collum
Dedo	Digitus
Hombro	Humerum
Lengua	Lingua
Mano	Manu
Nariz	Naribus
Ojo	Oculus
Oreja	Auris
Piel	Cutis
Pierna	Crus
Rodilla	Genu
Sangre	Sanguinem
Tobillo	Tarso

Cumpleaños
Natalis

Alegre	Laeta
Amigos	Amicis
Año	Anno
Aprender	Discere
Calendario	Calendar
Canción	Canticum
Celebración	Celebratio
Día	Die
Especial	Specialis
Feliz	Beatus
Invitaciones	Invitare
Joven	Iuvenes
Nacer	Natus
Partido	Pars
Pastel	Massae
Recuerdos	Memoria
Regalo	Donum
Sabiduría	Sapientia
Tiempo	Tempus
Velas	Candelas

Deportes
Ludis

Atleta	Athleta
Árbitro	Referendarius
Baloncesto	Ultrices
Béisbol	Baseball
Campeonato	Vindiciae
Entrenador	Raeda
Equipo	Dolor
Estadio	Stadium
Ganador	Victor
Gimnasia	Gymnasticae
Gimnasio	Gymnasium
Golf	Golf
Hockey	Consectetuer
Juego	Ludum
Jugador	Ludio Ludius
Movimiento	Motus
Tenis	Tristique

Dinosaurios
Dinosaurs

Alas	Alis
Cola	Cauda
Desaparición	Ablatione
Enorme	Ingens
Especie	Species
Evolución	Praegressus
Grande	Magna
Herbívoro	Herbivore
Mamut	Mammoth
Omnívoro	Omnivore
Poderoso	Potens
Prehistórico	Prehistoric
Reptil	Reptile
Tamaño	Magnitudine
Tierra	Terra
Vicioso	Vitiosus

Disciplinas Científicas
Scientifica Disciplinis

Anatomía	Anatomia
Arqueología	Antiquitatis
Astronomía	Astronomia
Biología	Biology
Bioquímica	Biochemistry
Botánica	Botanicam
Ecología	Oecologia
Fisiología	Physiology
Geología	Nederlandicae
Inmunología	Immunology
Lingüística	Grammatica
Mecánica	Mechanica
Meteorología	Meteorology
Mineralogía	Mineralogy
Neurología	Neurology
Nutrición	Nutritionem
Psicología	Duis
Química	Chemia
Sociología	Sociologiae
Zoología	Zoologicam

Días y Meses
Diebus et Mensibus

Abril	Aprilis
Agosto	August
Año	Anno
Calendario	Calendar
Domingo	Dominica
Enero	January
Febrero	February
Jueves	Jovis
Julio	July
Junio	June
Lunes	Monday
Martes	Martis
Mes	Mense
Miércoles	Wednesday
Noviembre	November
Octubre	Aliquam
Sábado	Saturday
Semana	Septimana
Septiembre	September
Viernes	Veneris

Ecología
Oecologia

Clima	Caeli
Comunidades	Communitates
Diversidad	Diversitas
Especie	Species
Flora	Flora
Hábitat	Habitat
Marino	Marine
Montañas	Montes
Natural	Naturalis
Naturaleza	Natura
Pantano	Paludem
Plantas	Plantis
Recursos	Opes
Sequía	Siccitate
Sostenible	Nullam
Supervivencia	Salutem
Variedad	Varietate
Vegetación	Virentia
Voluntarios	Voluntariis

Edificios
Aedificia

Albergue	Hospicio
Apartamento	Duis
Cabina	Cameram
Castillo	Castrum
Embajada	Legationem
Escuela	Schola
Estadio	Stadium
Fábrica	Factory
Garaje	Garage
Granero	Horreum
Granja	Farm
Hospital	Hospitalis
Hotel	Hotel
Laboratorio	Nulla
Museo	Museum
Observatorio	Observatorium
Supermercado	Forum
Teatro	Theatrum
Torre	Turris
Universidad	University

Emociones
Affectus

Aburrimiento	Taedium
Agradecido	Gratum
Alegría	Gaudium
Amor	Amor
Avergonzado	Onerosa
Bondad	Misericordiam
Calma	Tranquillitas
Emocionado	Excitatur
Ira	Ira
Miedo	Metus
Paz	Pacem
Relajado	Remissum
Satisfecho	Satis
Simpatía	Sympathia
Sorpresa	Mirum
Ternura	Teneritudinem
Tristeza	Tristitia

Escalada
Scandere

Altitud	Altitudo
Atmósfera	Aeris
Botas	Tabernus
Casco	Galeam
Cueva	Cave
Curiosidad	Curiositas
Estabilidad	Stabilitatem
Estrecho	Angusta
Experto	Peritus
Físico	Corporis
Formación	Disciplina
Fuerza	Fortitudo
Guantes	Caestus
Guías	Duces
Lesión	Iniuriam
Mapa	Map

Escuela #1
School #1

Alfabeto	Alphabeti
Almuerzo	Prandium
Amigos	Amicis
Aprender	Discere
Aula	Elit
Biblioteca	Library
Carpetas	Folders
Exámenes	Volutpat
Lápiz	Graphium
Marcadores	Venalicium
Números	Numeri
Papel	Charta
Plumas	Calami
Profesor	Magister
Respuestas	Respondet
Silla	Cathedra

Escuela #2
School #2

Académico	Academica
Amigos	Amicis
Asientos	Sedes
Biblioteca	Library
Borrador	Deleo
Calendario	Calendar
Ciencia	Scientia
Diccionario	Dictionary
Educación	Education
Gramática	Grammatica
Juegos	Ludos
Lápiz	Graphium
Lectura	Lectio
Literatura	Litteris
Mochila	Mantica
Ordenador	Eu
Papel	Charta
Profesor	Magister
Suministros	Commeatus
Tijeras	Axicia

Especias
Aromata

Agrio	Acidum
Ajo	Allium
Amargo	Amara
Anís	Anethum
Azafrán	Crocus
Cardamomo	Amomum
Cebolla	Cepa
Chile	Purus
Cilantro	Coriandri
Curry	Curry
Dulce	Dulcis
Hinojo	Faeniculi
Jengibre	Gingiber
Nuez Moscada	Nutmeg
Pimentón	Paprika
Pimienta	Piper
Regaliz	Liquiritiae
Sabor	Saporem
Sal	Sal
Vainilla	Vanilla

Exploración
Explorationem

Actividad	Actio
Animales	Animalia
Aprender	Discere
Coraje	Animus
Culturas	Cultus
Desconocido	Ignotum
Descubrimiento	Inventio
Determinación	Determinatio
Distante	Distant
Emoción	Tumultus
Espacio	Spatium
Idioma	Lingua
Nuevo	Novum
Salvaje	Fera
Viaje	Travel

Familia
Familia

Abuela	Avia
Abuelo	Avus
Antepasado	Ancestor
Esposa	Uxor
Hermana	Soror
Hermano	Frater
Hija	Filia
Infancia	Pueritia
Madre	Mater
Marido	Vir
Materno	Materno
Niño	Puer
Niños	Filii
Padre	Pater
Paterno	Paterni
Primo	Cognata
Sobrina	Neptis
Sobrino	Nepos
Tía	Matertera
Tío	Patruus

Flores
Flores

Amapola	Papaver
Diente de León	Taraxacum
Gardenia	Gardenia
Girasol	Helianthus
Hibisco	Hibisco
Jazmín	Aenean
Lavanda	Casia
Lirio	Lilium
Magnolia	Magnolia
Margarita	Daisy
Narciso	Narcissus
Orquídea	Orchid
Pasionaria	Passionflower
Peonía	Aglaophotis
Pétalo	Petalorum
Plumeria	Plumeria
Ramo	Flos
Rosa	Rosa
Trébol	Trifolium
Tulipán	Tulipa

Formas
Figuris

Arco	Arc
Bordes	Oras
Cilindro	Cylindro
Círculo	Circulus
Cono	Coni
Cuadrado	Quadratum
Cubo	Cubus
Curva	Curva
Elipse	Ellipsi
Esfera	Sphaera
Esquina	Angulo
Lado	Parte
Línea	Linea
Oval	Oval
Pirámide	Pyramidis
Polígono	Polygonum
Prisma	Prisma
Rectángulo	Rectangulum
Ronda	Circum
Triángulo	Triangulum

Fruta
Fructus

Aguacate	Avocado
Baya	Berry
Cereza	Cerasus
Ciruela	Pruno
Coco	Dolor
Frambuesa	Rubus Idaeus
Granada	Malogranatum
Guayaba	Guava
Kiwi	Kiwi
Limón	Lemon
Mango	Mango
Manzana	Apple
Melocotón	Persicum
Melón	Cucumis
Naranja	Rhoncus
Nectarina	Nectarine
Papaya	Papaya
Pera	Pirum
Piña	Pineapple
Uva	Uva

Geografía
Geographia

Altitud	Altitudo
Atlas	Atlas
Ciudad	Urbem
Continente	Continens
Hemisferio	Hemisphaerio
Isla	Insula
Latitud	Latitudo
Longitud	Longitudinis
Mapa	Map
Mar	Mare
Meridiano	Meridianus
Montaña	Montem
Mundo	Mundi
Norte	North
Oeste	West
País	Patria
Región	Regione
Río	Flumen
Sur	Meridiem
Territorio	Territorio

Geología
Nederlandicae

Ácido	Acidum
Calcio	Calcium
Capa	Accumsan
Caverna	Specus
Continente	Continens
Coral	Coral
Cristales	Crystals
Cuarzo	Quartz
Erosión	Exesa
Estalactita	Stalactite
Estalagmitas	Stalagmites
Fósil	Fossile
Géiser	Geyser
Lava	Lava
Meseta	Plateau
Minerales	Mineralibus
Piedra	Stone
Sal	Sal
Terremoto	Terraemotus
Volcán	Volcano

Granja #1
Farm #1

Abeja	Apis
Agricultura	Agricultura
Agua	Aqua
Arroz	Rice
Burro	Asinus
Caballo	Equus
Cabra	Hircum
Campo	Agro
Cuervo	Corvus
Fertilizante	Stercorat
Gato	Felis
Heno	Hay
Miel	Mel
Perro	Canis
Pollo	Pullum
Semillas	Semina
Ternero	Vitulum
Tierra	Terra
Vaca	Bos
Valla	Sepem

Granja #2
Farm #2

Agricultor	Agricola
Animales	Animalia
Cebada	Hordeum
Comida	Cibum
Cordero	Agnus
Fruta	Fructus
Granero	Horreum
Huerto	Orchard
Leche	Lac
Llama	Llama
Maduro	Matura
Maíz	Frumentum
Molino	Windmill
Oveja	Oves
Pato	Anatis
Prado	Prati
Riego	Irrigationes
Tractor	Tractor
Trigo	Triticum
Vegetal	Vegetabilis

Herboristería
Herbalism

Ajo	Allium
Albahaca	Basilius
Aromático	Aromaticum
Azafrán	Crocus
Calidad	Qualitas
Culinario	Culinary
Eneldo	Anethum
Estragón	Tarragon
Flor	Flos
Hinojo	Faeniculi
Ingrediente	Ingrediens
Jardín	Hortus
Lavanda	Casia
Mejorana	Origani
Menta	Mint
Perejil	Petroselinum
Planta	Planta
Romero	Rosmarinus
Sabor	Saporem
Verde	Viridis

Herramientas
Instrumenta

Alicates	Pliers
Antorcha	Facem
Cable	Mauris
Cuerda	Funem
Escalera	Scalam
Grapa	Solidis
Grapadora	Ipsum
Hacha	Securis
Martillo	Malleus
Mazo	Malleo
Navaja	Novacula
Pala	Rutrum
Pegamento	Gluten
Regla	Princeps
Rueda	Rota
Tijeras	Axicia
Tornillo	Stupra

Insectos
Insecta

Abeja	Apis
Avispa	Wasp
Áfido	Aphid
Cigarra	Cicada
Cucaracha	Blattam
Escarabajo	Beetle
Gusano	Vermis
Hormiga	Ant
Langosta	Locusta
Larva	Uterus
Libélula	Dragonfly
Mantis	Mantis
Mariposa	Papilio
Mariquita	Ladybug
Mosquito	Culex
Polilla	Tinea
Saltamontes	Grillus
Termita	Termite

Instrumentos Musicales
Organis

Armónica	Harmonica
Banjo	Banjo
Clarinete	Tibiae
Fagot	Bassoon
Flauta	Tibia
Gong	Gong
Guitarra	Cithara
Mandolina	Mandolin
Oboe	Sonata
Pandereta	Tympanum
Percusión	Percussus
Piano	Piano
Saxofón	Saxophone
Trombón	Trombone
Trompeta	Tuba
Violín	Vitae
Violonchelo	Cello

Jardín
Hortus

Arbusto	Bush
Árbol	Arbor
Banco	Banco
Estanque	Eget
Flor	Flos
Garaje	Garage
Hamaca	Hammock
Hierba	Herba
Huerto	Orchard
Jardín	Hortus
Malezas	Zizania
Manguera	Hose
Pala	Rutrum
Rastrillo	Sarculum
Rocas	Saxa
Suelo	Solo
Terraza	Xystum
Trampolín	Trampoline
Valla	Sepem
Vid	Vitis

Juguetes
Nugas

Ajedrez	Latrunculorum
Arcilla	Lutum
Artesanía	Artes
Avión	Vivamus
Barco	Navi
Bola	Pila
Camión	Dolor
Coche	Car
Cometa	Milvus
Favorito	Ventus
Imaginación	Imaginatio
Juegos	Ludos
Muñeca	Pupa
Robot	Robot
Rompecabezas	Puzzle
Tambores	Tympana
Tren	Comitatu

Libros
Books

Autor	Auctor
Aventura	Casus
Colección	Collectio
Contexto	Context
Dualidad	Dualitatem
Escrito	Scriptum
Historia	Fabula
Histórico	Historica
Humorístico	Hujusmodi
Inventivo	Ingeniosus
Lector	Lector
Literario	Litterarum
Novela	Nove
Palabras	Verba
Página	Page
Pertinente	Pertinet
Poema	Carmen
Poesía	Carmina
Serie	Series
Trágico	Tragici

Literatura
Litteris

Analogía	Similitudo
Análisis	Analysis
Anécdota	Fabella
Autor	Auctor
Biografía	Vita
Comparación	Comparatione
Conclusión	Conclusio
Descripción	Description
Diálogo	Dialogus
Estilo	Style
Ficción	Ficta
Metáfora	Metaphora
Novela	Nove
Opinión	Sententia
Poema	Carmen
Poético	Poetica
Rima	Concordare
Ritmo	Numero
Tema	Argumentum
Tragedia	Tragoedia

Mamíferos
Nullam

Ballena	Balena
Burro	Asinus
Caballo	Equus
Camello	Camelus
Canguro	Macropus
Cebra	Zebra
Conejo	Lepus
Coyote	Coyote
Delfín	Delphini
Elefante	Elephantis
Gato	Felis
Gorila	Orci
Jirafa	Panthera
Lobo	Lupus
Mono	Simia
Oso	Ursus
Oveja	Oves
Perro	Canis
Toro	Taurus
Zorro	Vulpes

Mascotas
Pets

Agua	Aqua
Cabra	Hircum
Cachorro	Puppy
Cola	Cauda
Collar	Torquem
Comida	Cibum
Conejo	Lepus
Correa	Lorum
Garras	Unguibus
Gato	Felis
Lagarto	Lacerta
Loro	Psittacus
Perro	Canis
Pescado	Pisces
Ratón	Mus
Tortuga	Turtur
Vaca	Bos
Veterinario	Veterinarius

Matemáticas
Math

Aritmética	Arithmetica
Ángulos	Anguli
Cuadrado	Quadratum
Decimal	Decimales
Diámetro	Diam
División	Divisio
Ecuación	Aequatio
Esfera	Sphaera
Exponente	Exponent
Fracción	Fractio
Geometría	Geometria
Números	Numeri
Paralelo	Parallela
Perímetro	Perimeter
Polígono	Polygonum
Radio	Radius
Rectángulo	Rectangulum
Simetría	Praeditis
Suma	Summa
Triángulo	Triangulum

Mediciones
Mensurae

Altura	Altitudo
Ancho	Latitudo
Byte	Byte
Centímetro	Centimeter
Decimal	Decimales
Grado	Gradus
Gramo	Gram
Kilogramo	Kilogram
Kilómetro	Kilometer
Litro	Liter
Longitud	Longitudo
Masa	Massa
Metro	Metri
Minuto	Minutis
Onza	Unciam
Peso	Pondus
Pinta	Sextarium
Profundidad	Profundum
Pulgada	Inch
Tonelada	Ton

Meditación
Meditatio

Aceptación	Acceptio
Atención	Operam
Bondad	Misericordiam
Calma	Tranquillitas
Claridad	Claritas
Compasión	Misericordia
Emociones	Affectus
Gratitud	Gratia
Mental	Mentis
Mente	Mens
Movimiento	Motus
Música	Musica
Naturaleza	Natura
Observación	Observatione
Paz	Pacem
Pensamientos	Cogitationes
Perspectiva	Prospectum
Postura	Staturam
Respiración	Spirans
Silencio	Silentium

Mitología
Fabularis

Arquetipo	Archetypum
Celos	Zelus
Cielo	Caelum
Comportamiento	Moribus
Creencias	Opiniones
Criatura	Creatura
Cultura	Cultura
Desastre	Cladis
Fuerza	Fortitudo
Guerrero	Bellator
Héroe	Heros
Laberinto	Labyrinthus
Leyenda	Legend
Mágico	Magicalis
Monstruo	Monstrum
Mortal	Mortale
Rayo	Fulgur
Triunfante	Triumphantes
Trueno	Tonitrua
Venganza	Vindictam

Mueble
Supellectilem

Almohada	Pulvinar
Banco	Banco
Cama	Lectus
Cojines	Pulvillos
Colchón	Culcita
Cortinas	Pelles
Cómoda	Cultorem
Espejo	Speculum
Estantes	Vadis
Futón	Futon
Hamaca	Hammock
Lámpara	Lucerna
Silla	Cathedra
Sofá	Toro

Naturaleza
Natura

Abejas	Apes
Animales	Animalia
Ártico	Arctic
Belleza	Pulchritudo
Bosque	Silva
Desierto	Deserto
Dinámico	Suscipit
Erosión	Exesa
Follaje	Fronde
Glaciar	Glacier
Montañas	Montes
Niebla	Caligo
Nubes	Nubes
Pacífico	Pacis
Río	Flumen
Salvaje	Fera
Santuario	Sanctuarium
Sereno	Serena
Tropical	Tropical
Vital	Vitalis

Nutrición
Nutritionem

Amargo	Amara
Apetito	Appetitus
Calidad	Qualitas
Calorías	Adipiscing
Carbohidratos	Carbohydrates
Comestible	Edulis
Dieta	Diet
Digestión	Concoctionem
Equilibrado	Libratum
Fermentación	Fermentum
Hábitos	Habitus
Nutriente	Cibus
Peso	Pondus
Proteínas	Servo
Sabor	Saporem
Salsa	Condimentum
Salud	Salutem
Saludable	Sanus
Toxina	Toxin
Vitamina	Vitaminum

Números
Numeri

Catorce	Quattuordecim
Cero	Nulla
Cinco	Quinque
Cuatro	Quattuor
Decimal	Decimales
Diecinueve	Undeviginti
Dieciocho	Decem et Octo
Dieciséis	Sedecim
Diecisiete	Septemdecim
Diez	Decem
Doce	Duodecim
Dos	Duo
Nueve	Novem
Ocho	Octo
Quince	Quindecim
Seis	Sex
Siete	Septem
Trece	Tredecim
Tres	Tres
Veinte	Viginti

Océano
Oceanum

Algas Marinas	Alga
Anguila	Anguilla
Arrecife	Reef
Atún	Tuna
Ballena	Balena
Barco	Navi
Camarón	Squilla
Cangrejo	Cancer
Coral	Coral
Delfín	Delphini
Esponja	Spongia
Mareas	Aestus
Medusa	Jellyfish
Ostra	Ostrea
Pescado	Pisces
Pulpo	Polypus
Sal	Sal
Tiburón	Shark
Tormenta	Tempestas
Tortuga	Turtur

Paisajes
Donec

Cascada	Cataracta
Cueva	Cave
Desierto	Deserto
Estuario	Aestuarium,
Géiser	Geyser
Glaciar	Glacier
Iceberg	Iceberg
Isla	Insula
Lago	Lacus
Laguna	Lacuna
Mar	Mare
Montaña	Montem
Oasis	Oasis
Pantano	Palus
Península	Peninsula
Playa	Beach
Río	Flumen
Tundra	Tundra
Valle	Convallis
Volcán	Volcano

Países #2
Regionibus #2

Albania	Albania
Australia	Australia
Austria	Austria
Dinamarca	Daniae
Etiopía	Aethiopia
Francia	Gallia
Grecia	Graecia
Indonesia	Indonesia
Irlanda	Hibernia
Jamaica	Jamaica
Japón	Japan
Laos	Laos
México	Mexico
Nigeria	Nigeria
Portugal	Lusitania
Rusia	Russia
Siria	Syria
Sudán	Sudania
Ucrania	Ucraina
Uganda	Uganda

Pájaros
Aves

Avestruz	Struthionem
Águila	Aquila
Canario	Ga
Cigüeña	Ciconia
Cisne	Swan
Cuco	Cuckoo
Cuervo	Corvus
Flamenco	Flamingo
Ganso	Anserem
Garza	Heron
Gaviota	Gull
Gorrión	Passer
Halcón	Accipiter
Huevo	Ovum
Loro	Psittacus
Paloma	Columbam
Pato	Anatis
Pelícano	Pelican
Pollo	Pullum
Tucán	Toucan

Pesca
Piscandi

Agua	Aqua
Barco	Navi
Branquias	Branchias
Cable	Filum
Cebo	Esca
Cesta	Canistrum
Cocinar	Coques
Equipo	Apparatu
Exageración	Augendo
Gancho	Hamo
Lago	Lacus
Mandíbula	Maxilla
Océano	Oceanum
Paciencia	Patientia
Peso	Pondus
Playa	Beach
Río	Flumen
Temporada	Temporum

Piratas
Piratae

Ancla	Anchor
Aventura	Casus
Bandera	Vexillum
Brújula	Decima
Capitán	Captain
Cicatriz	Cicatrix
Cueva	Cave
Espada	Gladium
Isla	Insula
Leyenda	Legend
Loro	Psittacus
Malo	Malum
Mapa	Map
Monedas	Coins
Oro	Aurum
Peligro	Periculum
Playa	Beach
Ron	Rum
Tesoro	Thesaurus
Tripulación	Cantavit

Plantas
Plantis

Arbusto	Bush
Árbol	Arbor
Bambú	Bamboo
Baya	Berry
Bosque	Silva
Botánica	Botanicam
Cactus	Cactus
Fertilizante	Stercorat
Flor	Flos
Flora	Flora
Follaje	Fronde
Frijol	Bean
Hiedra	Hedera
Hierba	Herba
Hoja	Folium
Jardín	Hortus
Musgo	Muscus
Pétalo	Petalorum
Raíz	Radix
Vegetación	Virentia

Playa
Beach

Arena	Harena
Arrecife	Reef
Azul	Blue
Barco	Navi
Cangrejo	Cancer
Costa	Ora
Isla	Insula
Laguna	Lacuna
Mar	Mare
Océano	Oceanum
Paraguas	Umbrella
Sandalias	Sandalia
Sol	Sol
Toalla	Linteum
Velero	Navis

Profesiones #1
Professionibus #1

Abogado	Attornatum
Astrónomo	Astrologus
Atleta	Athleta
Bailarín	Saltator
Banquero	Remi
Bombero	Firefighter
Cartógrafo	Cartographer
Cazador	Venator
Doctor	Medicus
Editor	Editor
Embajador	Legatus
Enfermera	Nutrix
Entrenador	Raeda
Fontanero	Plumbarius
Geólogo	Geologist
Joyero	Jeweler
Músico	Musicus
Pianista	The
Psicólogo	Psychologist
Veterinario	Veterinarius

Profesiones #2
Professionibus #2

Agricultor	Agricola
Astronauta	Astronaut
Biólogo	Biologist
Dentista	Dentist
Detective	Inquisitor
Editor	Publisher
Filósofo	Philosophus
Fotógrafo	Pretium
Ilustrador	Illustrrator
Ingeniero	Engineer
Inventor	Inventor
Investigador	Inquisitorem
Jardinero	Hortulanus
Lingüista	Linguist
Médico	Medicus
Periodista	Wisi
Piloto	Gubernator
Pintor	Pictor
Profesor	Magister
Zoólogo	Zoologist

Restaurante #1
Restaurant #1

Alergia	Urna
Café	Capulus
Camarera	Famula
Carne	Cibum
Cocina	Vestibulum
Menú	Menu
Pan	Panem
Picante	Conditus
Pollo	Pullum
Postre	Mensa
Reserva	Reservatio
Salsa	Condimentum
Servilleta	Sudario
Tazón	Crater

Restaurante #2
Restaurant #2

Agua	Aqua
Cena	Prandium
Cuchara	Cochleari
Delicioso	Delectamentum
Ensalada	Sem
Especias	Aromata
Fruta	Fructus
Hielo	Ice
Huevos	Ova
Pastel	Massae
Pescado	Pisces
Sal	Sal
Silla	Cathedra
Sopa	Elit
Tenedor	Furca
Verduras	Legumina

Ropa
Vestimenta

Abrigo	Coat
Blusa	Blouse
Bufanda	Chlamydem
Calcetines	Tibialia
Camisa	Shirt
Chaqueta	Jacket
Cinturón	Cingulum
Collar	Monile
Falda	Lacinia
Guantes	Caestus
Joyas	Jewelry
Moda	More
Pantalones	Braccae
Pijama	Pajamas
Pulsera	Armillam
Sandalias	Sandalia
Sombrero	Hat
Suéter	Sweater
Vestido	Habitu
Zapato	Nulla Nec

Selva Tropical
Rainforest

Anfibios	Amphibia
Botánico	Botanica
Clima	Caeli
Comunidad	Communitas
Diversidad	Diversitas
Especie	Species
Insectos	Insecta
Mamíferos	Nullam
Musgo	Muscus
Naturaleza	Natura
Nubes	Nubes
Pájaros	Aves
Refugio	Refugium
Respeto	Quantum
Restauración	Restitutionem
Selva	Truncatis
Supervivencia	Salutem
Valioso	Pretiosum

Senderismo
Hiking

Agua	Aqua
Animales	Animalia
Botas	Tabernus
Camping	Castra
Cansado	Lassus
Clima	Caeli
Cumbre	Culmen
Guías	Duces
Mapa	Map
Montaña	Montem
Naturaleza	Natura
Orientación	Orientation
Parques	Parcis
Pesado	Gravis
Piedras	Lapides
Preparación	Praeparatio
Salvaje	Fera
Sol	Sol

Suministros de Arte
Artis Commeatibus

Aceite	Oleum
Acrílico	Donec
Acuarelas	Watercolors
Agua	Aqua
Arcilla	Lutum
Borrador	Deleo
Caballete	Otium
Carbón	Carbones
Cámara	Camera
Cepillos	Perterget
Colores	Colores
Creatividad	Glossarium
Lápices	Penicilli
Mesa	Mensam
Papel	Charta
Pegamento	Gluten
Silla	Cathedra
Tinta	Atramentum

Surf
Superficies

Arrecife	Reef
Atleta	Athleta
Campeón	Fortissimus
Clima	Tempestas
Espuma	Spuma
Estilo	Style
Estómago	Stomachum
Extremo	Extrema
Fuerza	Fortitudo
Multitudes	Turbas
Océano	Oceanum
Ola	Unda
Playa	Beach
Popular	Popularis
Principiante	Inceptos
Remo	Remus
Velocidad	Celeritate

Tecnología
Nulla

Archivo	File
Cámara	Camera
Cursor	Cursor
Datos	Data
Digital	Digital
Internet	Internet
Investigación	Research
Mensaje	Nuntius
Navegador	Pasco
Ordenador	Eu
Pantalla	Screen
Seguridad	Securitatem
Software	Software
Virtual	Rectum
Virus	Virus

Tiempo
Tempus

Ahora	Nunc
Antes	Ante
Anual	Annua
Año	Anno
Ayer	Heri
Calendario	Calendar
Década	Decennium
Día	Die
Futuro	Futurum
Hora	Hora
Hoy	Hodie
Mañana	Mane
Mañana	Cras
Mediodía	Meridies
Mes	Mense
Minuto	Minutis
Noche	Nocte
Reloj	Horologium
Semana	Septimana
Siglo	Century

Tipos de Cabello
Genera Capillos

Blanco	Albus
Brillante	Crus
Calvo	Calvus
Coloreado	Coloratum
Corto	Denique
Delgada	Tenuis
Gris	Gray
Grueso	Crassus
Largo	Diu
Marrón	Brown
Negro	Nigrum
Plata	Argentum
Rizado	Crispus
Rizos	Cincinnis
Rubio	Flavis
Saludable	Sanus
Seco	Siccum
Suave	Mollis
Trenzado	Tortis

Vacaciones #1
Vacation #1

Aduana	Consuetudines
Avión	Vivamus
Billete	Aliquam
Coche	Car
Expedición	Expeditione
Itinerario	Itinerarium
Lago	Lacus
Maleta	Vidulus
Mochila	Mantica
Moneda	Monetæ
Museo	Museum
Paraguas	Umbrella
Relajación	Consequat
Salida	Discessum
Tranvía	Tram
Turista	Viator

Vacaciones #2
Vacation #2

Aeropuerto	Elit
Camping	Castra
Carpa	Tabernaculum
Extranjero	Aliena
Fotos	Imagines
Hotel	Hotel
Isla	Insula
Mapa	Map
Mar	Mare
Montañas	Montes
Ocio	Otium
Pasaporte	Singraphus
Playa	Beach
Restaurante	Amet
Taxi	Taxi
Transporte	Nulla
Tren	Comitatu
Vacaciones	Ferias
Viaje	Iter
Visa	Visa

Vehículos
Vehicula

Ambulancia	Ambulance
Avión	Vivamus
Balsa	Ratis
Barco	Navi
Camión	Dolor
Caravana	Comitatum
Coche	Car
Cohete	Eruca
Ferry	Porttitor
Helicóptero	Helicopter
Metro	Subway
Motor	Motor
Neumáticos	Tires
Scooter	Scooter
Submarino	Submarine
Taxi	Taxi
Tractor	Tractor
Tren	Comitatu

Verano
Aestate

Alegría	Gaudium
Amigos	Amicis
Camping	Castra
Comida	Cibum
Estrellas	Sidera
Familia	Familia
Hogar	Domum
Jardín	Hortus
Juegos	Ludos
Mar	Mare
Música	Musica
Ocio	Otium
Playa	Beach
Recuerdos	Memoria
Relajación	Consequat
Sandalias	Sandalia
Viaje	Travel

Verduras
Legumina

Ajo	Allium
Alcachofa	Cactus
Apio	Apium
Berenjena	Eggplant
Brócoli	Algentem
Calabaza	Cucurbita
Cebolla	Cepa
Chalote	Shallot
Coliflor	Brassica
Ensalada	Sem
Espinacas	Spinach
Guisante	Pisum
Jengibre	Gingiber
Nabo	Rapa
Oliva	Olivae
Pepino	Cucumis
Perejil	Petroselinum
Rábano	Radicula
Seta	Fungorum
Zanahoria	Daucus

Virtudes #1
Virtutes #1

Apasionado	Iracundus
Artístico	Artis
Bien	Bonum
Curioso	Curiosus
Decisivo	Decretorium
Eficiente	Efficiens
Encantador	Venustus
Fiable	Certa
Generoso	Liberalis
Independiente	Independens
Inteligente	Intelligens
Limpio	Mundus
Modesto	Modestus
Paciente	Patiens
Práctico	Practica
Sabio	Sapiens
Útil	Benevolens

Enhorabuena

Lo has conseguido!

Esperamos que hayas disfrutado de este libro tanto como nosotros al diseñarlo. Nos esforzamos por crear libros de la máxima calidad posible.
Esta edición está diseñada para proporcionar un aprendizaje inteligente, de calidad y divertido!

¿Te ha gustado este libro?

Una Petición Sencilla

Estos libros existen gracias a las reseñas que se publican.
¿Podrías ayudarnos dejando una reseña ahora?
Aquí tienes un breve enlace a la página de reseñas

BestBooksActivity.com/Opiniones50

¡DESAFÍO FINAL!

Reto n°1

¿Estás listo para tu juego gratis? Los utilizamos siempre, pero no son tan fáciles de encontrar. ¡Aquí están los **Sinónimos!**
Escribe 5 palabras que hayas encontrado en los rompecabezas (#21, #36, #76) y trata de encontrar 2 sinónimos para cada palabra.

Escriba 5 palabras del **Puzzle 21**

Palabras	Sinónimo 1	Sinónimo 2

Escriba 5 palabras del **Puzzle 36**

Palabras	Sinónimo 1	Sinónimo 2

Escriba 5 palabras del **Puzzle 76**

Palabras	Sinónimo 1	Sinónimo 2

Reto n°2

Ahora que te has calentado, escribe 5 palabras que hayas encontrado en los Puzzles 9, 17 y 25 e intenta encontrar 2 antónimos para cada palabra. ¿Cuántos puedes encontrar en 20 minutos?

Escriba 5 palabras del **Puzzle 9**

Palabras	Antónimo 1	Antónimo 2

Escriba 5 palabras del **Puzzle 17**

Palabras	Antónimo 1	Antónimo 2

Escriba 5 palabras del **Puzzle 25**

Palabras	Antónimo 1	Antónimo 2

Reto n°3

¡Genial! Este desafío final no es nada para ti.

¿Preparado para el reto final? Elige 10 palabras que hayas descubierto en los diferentes rompecabezas y escríbelas a continuación.

1.	6.
2.	7.
3.	8.
4.	9.
5.	10.

Ahora escribe un texto pensando en una persona, un animal o un lugar que te guste.

Puedes usar la última página de este libro como borrador.

Tu Composición:

CUADERNO DE NOTAS :

HASTA PRONTO !

Todo el Equipo

DESCUBRA JUEGOS GRATIS

GO

↓

BESTACTIVITYBOOKS.COM/FREEGAMES